乐游全球·迷你版

自由行 05

西班牙
SPAIN

实业之日本社海外版编辑部 编
王 苹 张亚林 译
姜 歌 审订

北京·旅游教育出版社

乐游全球迷你版　自由行 05
西班牙
Spain

目　录

西班牙旅行基本信息·············· 4
MAP西班牙······················ 6

情迷西班牙
数量众多的西班牙世界遗产········· 8
西班牙的各色美食················ 12
超市里淘淘宝···················· 16
饱享弗拉门戈的风情·············· 20
入住真正的古堡酒店·············· 24
西班牙历史早知道················ 28

马德里
Madrid

城市概况······················ 30
热门景点······················ 31
市内交通······················ 32
MAP马德里···················· 33
MAP王宫/西贝莱斯广场·········· 35
MAP阿尔卡拉门/阿托查车站······ 36
MAP太阳门广场周边············ 39
观光
　王宫～西贝莱斯广场············ 44
　阿尔卡拉门～阿托查车站········ 48
　哥伦布广场～圣胡安十字广场···· 52
　"田园之家"周边················ 54
美食·························· 55

购物·························· 60
住宿·························· 64
小特集
　探访普拉多博物馆·············· 40
　在小酒馆里度过更加美妙的夜晚···· 56
　马德里的高档商圈·············· 62

托莱多
Toledo

地区概况······················ 66
热门景点······················ 66
观光·························· 67
MAP托莱多···················· 68
美食·························· 70
住宿 / 购物···················· 71

塞哥维亚
Segovia

地区概况······················ 72
热门景点······················ 72
观光 / 美食···················· 73
拉曼查地区探寻堂吉诃德之路···· 74

阿兰胡埃斯
Aranjuez

地区概况······················ 76
热门景点······················ 76
观光·························· 77

巴塞罗那
Barcelona

城市概况······················ 78
热门景点······················ 79
市内交通······················ 80

MAP巴塞罗那·················83
MAP巴塞罗那市中心···········84
MAP巴塞罗那北部·············87
观光
　巴塞罗那市中心···········92
　巴塞罗那北部············100
　蒙维克地区·············103
美食························104
购物························108
住宿························112
小特集
　圣家族大教堂大探秘·······88
　萨尔瓦多·达利···········90
　蒙特塞拉特·············114

巴伦西亚
Valencia

地区概况···················116
热门景点···················116
观光························116
美食························117

格拉纳达
Granada

地区概况···················118
热门景点···················118
MAP格拉纳达················119
阿兰布拉宫··················120
观光························122
美食 / 购物 / 住宿···········123

科尔多瓦
Cordoba

MAP科尔多瓦················124
地区概况···················125
热门景点···················125
观光························125
美食 / 住宿·················127

塞维利亚
Sevilla

地区概况···················128

热门景点···················128
观光························128
MAP塞利维亚················129
美食························131

太阳海岸
Costa del Sol

地区概况···················132
内尔哈·····················132
米哈斯·····················133
安特克拉···················133

龙达
Ronda

地区概况···················134
观光························134

圣地亚哥－德孔波斯特拉
Santiago de Compostela

地区概况···················136
热门景点···················136
观光························137
美食 / 住宿·················139
圣地亚哥朝圣之旅···········140

旅行信息
Travel Information

◆出发日程安排··············144
◆收集旅行信息··············146
◆旅行必need品···············147
◆携带物品··················148
◆货币兑换··················149
◆西班牙入境指南············150
◆回国指南··················151
◆电话·邮政·网络···········152
◆生活习惯·相关礼仪········153
◆旅行安全管理··············154
◆旅行会话··················155

索引························157

◆西班牙旅行基本信息◆

正式国名

西班牙（España）。全称西班牙王国（Estado español）。

国旗

西班牙国旗被称为"血与金之旗"，中部偏左的部分绘有国徽。国徽中的王冠代表王室，盾徽分别代表卡斯蒂利亚和莱昂王国等组成西班牙王国的诸古老王国。金色象征着丰收，红色则象征着鲜血。

首都

马德里

国土面积

总面积505 925平方公里。在欧洲，其国土面积仅次于俄罗斯、法国。

人口

约4 740万人（2015年1月）。

政治

西班牙是君主立宪制。国王为费利佩六世，现任首相为马里亚诺·拉霍伊（2011年12月起任）。

宗教

大多数人信奉天主教。部分人信仰犹太教和伊斯兰教。

语言

除卡斯蒂利亚语外，加利西亚语、巴斯克语、加泰罗尼亚语也为地方通用语言。通常被称为"西班牙语"的是卡斯蒂利亚语。

货币

西班牙使用的是欧盟统一货币——欧元。纸币的种类有7种，硬币有8种。货币单位：欧元（€）。辅助货币：欧分（¢）。1欧元=100欧分≈7.23元人民币（2016年3月）。

西班牙物价

人们一直认为，和德国、法国物价相比，西班牙物价并不高。但随着经济发展与欧元制度的引入，西班牙物价也开始节节攀升。近年来随着经济危机的出现物价稍微下降，但马德里、巴塞罗那的物价还是有过之而无不及。

小费

关于小费的标准，在餐厅用餐的话，餐厅服务员一般为1欧元左右，酒店行李侍应生及门童为1欧元，使用公共卫生间时为0.2~0.5欧元。但是，在快餐店或者酒吧消费是不用付小费的。

气候

西班牙国土面积广阔，各地区间气候差异很大，北方绿化面积多，雨量充沛，受暖流的影响，气候比较稳定。但马德里所在的西班牙中部地区，年降水量仅为300~600毫米，气候干燥，冷暖分明。早春时节，一天当中早晚寒冷，中午炎热，温差很大。从加泰罗尼亚至安达卢西亚都属于地中海气候，即使冬季也很温暖。然

通用货币

而安达卢西亚的夏季却是酷热难耐。

时差

中国时间比西班牙早7个小时（标准时间）。但如果按照夏令时计算，则中国时间比西班牙时间早6个小时。夏令时期间为3月的最后一个周日开始到10月最后一个周六。

营业时间

西班牙人有午休的习惯。通常商场的营业时间为上午10:00~14:00，下午为16:00~20:00。周六仅上午营业，周日及节假日大部分商店和银行都休息。餐厅晚上营业时间较晚，一般为20:00~24:00。

西班牙节假日

1/1	新年
1/6	三王节
4/5	复活节
5/1	劳动节
8/15	圣母升天节
10/12	国庆节
11/1	万圣节
12/6	宪法节
12/8	圣灵受孕节
12/25	圣诞节

西班牙节假日分为全国性节假日和地方节假日，上述为全国性节假日。复活节的具体日期每年各不相同（上述为2015年复活节日期），复活节前的一周称为"圣周"，部分商店休息。另外，如果周四为节假日则周四~周日连休。

电压与插头

西班牙电压为220伏。电器插头为C型或SE型。如果从国内带电器产品的话，需要提前准备插座转换器。

饮用水

西班牙水质因地区不同差别很大。据说巴塞罗那、马拉加等地由于靠近大海，水质并不好。但是，由拉丁语中表示"泉水"之意的"matrice"而命名的马德里、格拉纳达等地的水质则颇受好评。生活在这些地区的西班牙人一般直接饮用自来水。不过，还是建议游客喝矿泉水较为稳妥。

Wi-Fi状况

在西班牙的大部分餐厅和酒吧都可免费使用Wi-Fi。但是有时可能需要向店员询问Wi-Fi密码。中档以上的酒店大部分可以免费使用Wi-Fi。但是也有酒店会按小时收取费用，所以最好提前确认清楚。如果不带自己手机外出旅行的话，可以在当地租个手机使用。大部分都需要提前付费并缴纳押金。

吸烟

公共场所一般禁止吸烟。餐厅一般都设置禁烟区、吸烟区。

厕所

在马德里等城市街道上都设有收费的公共厕所，但是从卫生和安全角度来看都不值得推荐。其实，在大城市的话可以借用商店、酒店的厕所使用，即使小城镇或是偏僻的村落，酒吧里也一定有厕所可供借用。但是借用厕所的话出于礼貌最好跟店员打声招呼。另外很多店里的厕所都上锁，钥匙放在店员处保管。

西班牙航班信息

从中国有直飞西班牙马德里的航班，且每周定期营运，全程约需13小时。前往西班牙还可选择在欧洲各大城市转机的北向航线或在东南亚转机的南向航线。飞行时间根据转机时间和等待的时间而定，北向航线需要15~20小时。

情迷西班牙

数量众多的西班牙世界遗产

多民族、多宗教文化并存的西班牙拥有40多处世界遗产。单就数量而言，西班牙和法国、意大利并排于世界前列。要是去西班牙的话，即便您此行的目的不是专门参观世界遗产，但是在这里还是能看到很多景点。下面介绍西班牙各时期的代表性世界遗产。

世界遗产 远古遗产~ 阿尔塔米拉的洞窟壁画
Cueva de Altamira

● 最早的史前艺术V西班牙穴居人？！

洞穴的岩壁上画着21头野牛，个个形象逼真，画功非凡，也许不少人对这些收录到教科书中的形象至今仍然记忆犹新。但是由于前往洞穴的交通不便，再加上基于对壁画保存的考虑而设立了进入限制，观赏壁画珍品是一件非常困难的事情。马德里的国立考古学博物馆（p.52）有逼真的复制品，游客不妨前去参观。

在马德里博物馆可欣赏到精美的壁画复制品

世界遗产 古代遗产~ 罗马水道桥
Acueducto de Romano

● 由石头堆砌制造，延续了2 000多年的历史！

由罗马人于公元1世纪时期建造的罗马水道桥（p.73），高28米，长728米，属于巨大的石制拱形结构。修建此桥是为

梅里达的圆形剧场

巨大的罗马水道桥

塔拉戈纳的遗址群

了向塞哥维亚引入水渠。建造中并没使用灰浆等黏着剂，仅用石头堆砌形成，至今仍保存完好，实在是让人大为惊叹。罗马人建造的遗迹当中，还包括梅里达的圆形剧场、塔拉戈纳的遗址群以及科尔多瓦的罗马桥（p.124）等。

情迷西班牙

世界遗产 伊斯兰遗产~ 清真寺和阿兰布拉宫殿

● 伊斯兰文化的精华

定居在西班牙的伊斯兰教徒们,带来了许多扎根于伊斯兰教的文化。这当中要数科尔多瓦的清真寺(Mosque p.124)、塞维利亚的吉拉尔达塔(La Giralda p.128)最为著名,将伊斯兰教徒们的气质、技术实力以及艺术才能展现得淋漓尽致。

局势剧变,伊斯兰教徒们被禁足于南部的安达卢西亚,格拉纳达王国的阿兰布拉宫殿就建于此时(p.120)。因所处时代不同,所以与奥维耶多的宫殿相比看上去气派得多。

在基督教徒的统治下,由剩下的伊斯兰教徒所建的特鲁埃尔等穆迪哈尔(Mudéjar)式建筑物,既具异国情调,又处处细致,与基督教建筑给人的感觉截然不同。

科尔多瓦的清真寺

阿兰布拉宫殿

世界遗产 光复运动遗产~ 阿维拉城 AVILA

阿维拉城的古城墙

瓜达卢佩(Guadalupe)皇家修道院

奥维耶多

● 基督教徒不屈不挠的斗志

711年,乘着西哥特王国内讧之机,伊斯兰教徒顺利攻入伊比利亚半岛。不久,伊斯兰教徒便控制了半岛的大部分地区,基督教徒被驱赶至北部一隅。为夺回国土,基督教徒与伊斯兰教徒之间展开了激烈的斗争,史称光复运动。

位于北部奥维耶多的小巧精致的基督教徒王宫、圣玛利亚教堂、阿维拉城气势逼人的古城墙以及当时被奉为基督教徒精神支柱的瓜达卢佩雄伟壮丽的皇家修道院无不一一向游客诉说着峥嵘往事。

世界遗产 中世纪遗产~ 托莱多 TOLEDO

埃尔·格列柯《圣家族》

● 中世街景风情

塔霍河流淌在干涸的卡斯蒂亚大地之上，而古都托莱多（p.66）则是这连绵蜿蜒的半岛上的明珠。以罗马人建造的城塞城镇为发源地，托莱多曾为西哥特王国的首都，也曾经历伊斯兰教徒的占领、基督教徒的争夺。随着时代的变迁，其统治阶层频繁更迭，然而犹太教、基督教以及伊斯兰教这三大宗教却在此地和谐共存。也许正是这种对于多宗教信仰的宽容，才吸引了希腊画家埃尔·格列柯定居于此。

到访著名画家格列柯眼中的美妙景观——托莱多

世界遗产 西班牙帝国遗产 El Escorial

● 过于庞大？！

它是鼎盛时期的西班牙倾全国之力建造的宫殿，位于马德里近郊，集宫殿和修道院于一身。这个巨大的建筑物有2 600扇窗户、1 200道门、16座庭院，耗时23年才修建完成。在惊叹当时西班牙国力之强的同时，我们不禁也联想，它多少也造成了国力的疲软。同样能让人领略到西班牙国力强盛的世界遗产还有萨拉曼卡、埃纳雷斯堡这两座大学城。

《堂吉诃德》作者塞万提斯的故乡位于阿尔卡拉·埃纳雷斯堡，这里还设有"塞万提斯博物馆"。萨拉曼卡是西班牙鼎盛时期的建筑作品，是银匠式建筑的代表作。位于"贝壳之家"的旅游咨询处的外墙很值得一看。

埃纳雷斯堡

埃尔·埃斯科里亚尔宫殿

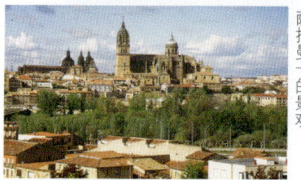

萨拉曼卡的景观

情迷西班牙

世界遗产 近世遗产~ 阿兰胡埃斯王宫

● **怯弱王族们的避难所？！**

西班牙陷入混乱与衰退之际，阿兰胡埃斯王宫（p.76）便成为了皇族们逃避现实的居所。历经200多年斥巨资修建，阿兰胡埃斯已经演变成王宫贵族们的行宫。乘舟游玩在塔霍河之上，让人不禁哑然于金色凤尾船的豪华。

壮丽的阿兰胡埃斯行宫

世界遗产 近代遗产~ 加泰罗尼亚的现代主义建筑

● **泡沫经济的产物？！**

19世纪后半期至20世纪初期，法国的"新艺术风格"、德国的青春艺术风格诞生，这时期的建筑风格开始强调曲线美。受加泰罗尼亚独特的审美意识的影响，大量杰出建筑物脱颖而出。

当时的加泰罗尼亚经济业界在资金上提供支持。当时的加泰罗尼亚属于西班牙经济发达地区，依靠纤维生产等产业，大量的企业家获得了巨大的成功。安东尼奥·高迪的赞助者格尔就是这其中之一。

巴特略之家

加泰罗尼亚的现代主义建筑主要有出自多明尼克之手的加泰罗尼亚音乐宫、圣克鲁斯保罗医院、安东尼奥·高迪设计的奎尔宫、巴特略之家、米拉之家……然而最具名气的还要数至今仍在修建中的圣家族大教堂（p.88）。

高迪死后仍继续修建的圣家族大教堂。复杂的外观、简洁的内观是主要参观点

情迷西班牙

首先从早、中、晚的经典美食开始

西班牙的各色美食

西班牙煎鸡蛋饼
Tortilla española

西班牙"油条"巧克力
Chocolate y Churros

西班牙甜甜圈店出售的吉拿（Churros）是西班牙特产。配以黏稠浓厚的热可可，就是西班牙式的传统早餐。

西班牙三明治
Bocadillo

西班牙三明治为小而长的面包状。面包里面通常裹有西班牙风味的煎鸡蛋饼、生奶油及奶酪等。

大蒜浓汤
Sopa de Ajo

在浓浓的大蒜汤中加入面包、鸡蛋烹饪而成的热汤。在寒冷的冬季喝上一口，让人从头暖到脚。

凉汤
Gazpacho

放入了大量蔬菜、调配出足量酸味进行食用的夏季凉汤。

浓菜汤
Salmorejo

在安达卢西亚凉汤（Gazpacho）的基础上制成的具有西红柿口味的冷汤。在汤中放入煮鸡蛋为烹饪准则。

用蛋黄酱搅拌而成的沙拉。不知为何，西班牙人称其为"俄罗斯沙拉"。

俄罗斯沙拉
Ensaladilla rusa

西班牙大虾沙拉
Ensaladilla de gambas

虽说虾为沙拉中常用的食材，可在这道菜中蟹棒却成了耀眼的"明星"。

选用沙拉食材中位居榜首的金枪鱼，非常受顾客欢迎。

金枪鱼沙拉
Ensalada de atún

情迷西班牙

西红柿煮金枪鱼
Atun con tomate

金枪鱼也是西班牙人常用的食材之一。常见的烹饪方式为放入西红柿酱中煮制，或者用平底锅进行煎炸（Atun a la plancha）。鲣鱼（Bonito）也用同样的方法进行烹制。

芥末黑贝
Mejillones al mostaza

贝类中，黑贝壳最具人气。

鱿鱼圈
Calamares a la Romana

将鱿鱼裹上淀粉放入橄榄油中炸制而成。原本为安达卢西亚的特色菜，如今已经遍布西班牙各地。

海鲜饭
Paella a la Valenciana

原本为瓦伦西亚的乡土菜肴，如今不论何时何地，几乎可在任何餐厅享用（也有人说这样的餐厅只为游客专门提供海鲜饭）。

西班牙烤乳猪
Cochinillo asado

将乳猪、羊羔等进行烤制，为西班牙人的最爱。烤制的肉类还有鸡肉等。

墨鱼饭
Arroz negro

卖相虽不够好，可是墨鱼特有的黑色与甜味会逐渐在口中蔓延，十分美味。类似菜肴当中，黑葡萄酒煮章鱼（Caramares en su tinta）也十分美味。

炖牛尾
Rabo de toro

用慢火炖牛尾的方法烹饪的极品菜肴。

威士忌酱汁猪脊肉
Solomillo con wisky

与香煎牛排类似，用酒对其进行调味，放入平底锅中进行煎炸是常用的烹饪方法。

巧克力蛋糕
Torta de chocolate

巧克力蛋糕中的极品。西班牙是唯一一个从新大陆引进可可的国家，巧克力蛋糕绝对是个不会让人后悔的选择。

焦糖布丁
Flan

包含在菜单套餐当中，最常见的为乳白色。

美食种类繁多
品尝西班牙当地美食

西班牙食材多种多样,各地都有自古以来各具特色的美食。

加利西亚地区　巴斯克地区　马德里　加泰罗尼亚地区　卡斯蒂里亚-拉曼查地区　巴伦西亚地区　安达卢西亚地区

青汁鳕鱼
BACALAO EN SALSA VERDE

绿色汤汁鳕鱼炖菜。以荷兰芹和大蒜为配料。

【巴斯克地区】

黑葡萄酒煮章鱼
CALAMARES EN SU TINTA

以章鱼为食材的黑葡萄酒炖菜。西班牙人经常食用章鱼,用西红柿和黑葡萄酒煮制的章鱼口感极其柔嫩,并带有淡淡的甘甜。

浓汁炖鳕鱼
MERLUZA EN CALDEIRADA

加利西亚风味的煮鱼美食。无须鳕(鳕鱼的一种)是西班牙人常用的食材。这道菜中还加入了甜椒,味道非常独特。

加利西亚八爪鱼
PULPO A LA GALLEGA

将章鱼煮制之后放上盐、橄榄油,再加上撒上甜椒烹饪而成,是加利西亚菜肴里的一大特色。一般将章鱼放在土豆之上食用。

番茄汁面包
PAN CON TOMATE

具有代表性的加泰罗尼亚地方料理。在乡村面包上浇上番茄汁、橄榄油及食盐后食用。

醋味鳀鱼
BOQUERONES A LA VINAGRETA

是靠近巴塞罗那北部的布拉瓦海岸地区的特色菜肴。

小馅饼
EMPANADILLAS

是将鱼贝类以及猪肉包在面粉中炸制而成的加利西亚特色馅饼。

【加利西亚地区】

杂鱼海鲜拼盘
ZARZUELA

加入大量鱼贝类的加泰罗尼亚特色海鲜汤(马赛鱼汤)。

【加泰罗尼亚地区】

什锦菜
COCIDO

肉与蔬菜一起进行炖制而成。在食用时经常将汤与食材分开,于是就形成了两道菜,是一道经济实惠的家常菜。

马德里牛肚
CALLOS MADRILEÑOS

马德里风味的炖菜。

巴伦西亚海鲜饭
PAELLA VALENCIANA

这道菜原本是在鸡肉中加入鳗鱼、蜗牛以及扁豆烹饪而成。然而如今很少有餐厅在其中加入蜗牛。

【巴伦西亚地区】

【卡斯蒂里亚地区】

托莱多鹌鹑
PERDIZ TOLEDANO

具有托莱多特色的野鹌鹑炖菜。通常加入红酒进行烹制。

安达卢西亚凉汤
GAZPACHO ANDALUZ

以西红柿为基本原料制成的凉汤。这道菜如今已经在全国普及,原产地安达卢西亚还发明了加入杏仁的白色蒜汤。

【安达卢西亚地区】

炸鱿鱼圈
CALAMARES a la Romana

外皮部分用的是油炸之后的蛋白,吃上去口感松软。

情迷西班牙

球迷朋友们一旦看见就乐此不疲

足球商品大受欢迎!

西班牙是全球数一数二的足球王国。皇家马德里足球俱乐部和巴塞罗那足球俱乐部是西班牙最具人气的两支足球队。皇马和巴萨分别有各自正式的标志,也因此产生了很多相关商品。这里不仅有球衣,还有很多意想不到的小物件可供选择。

全年无休

皇家马德里足球俱乐部商品
Tienda Bernabéu

▶ 磁起子,每个9.5欧元。用于开冰箱门,很方便。

◀ 笔袋,每个10欧元。圆柱形的设计,大尺寸可以放很多笔。

◀ 圆珠笔,每支4欧元。看起来下笔肯定很流畅。

◀ 钥匙扣,每个9欧元。金属质感的厚重结实的钥匙扣。

地下一层出售笔袋等商品,一层出售制服等商品。

商品繁多,琳琅满目

巴塞罗那足球俱乐部
FC BOTIGA Megastore

▶ 炸土豆片小袋1.3欧元。吃了觉得可惜?土豆片的奥秘

◀ 明信片,每张0.9欧元。挑选自己喜欢的选手的明信片也是一种乐趣。

▶ 磁铁石,每块2.9欧元。以红、青两种色调搭配的简单大气的磁石。

▶ 笔袋,每个6.5欧元。印有巴萨标志的比赛,值得收藏。

◀ 细带,每条7.9欧元。可用于挂在手机或门禁卡上等。

◀ 零钱包,每个2.9欧元。因为这种零钱包是硬材质的,所以也可把药和饰品放进去。

体育场内的商品也是种类繁多

皇马官方商品
MAP p.33-B
🚇 地铁10号线Santiago Bernabeu车站出发,步行5分钟　✉ C/Pedro Damian, Gate55 桑迪亚哥伯纳乌球场内
☎ 91 458 72 59　🕐 10:00~21:00(周日11:00~19:30)　休 无休

巴萨官方商品(店)
MAP p.82-E
🚇 地铁5号线Collbanc车站出发,步行10分钟　✉ AV.Aristí des Maillol,S/N 诺坎普球场内
☎ 93 409 02 71　🕐 10:00~19:00,周日、节假日10:30~15:00　休 1月1日、6日、12月25日、26日

光与影、明与暗相互交织，堪称安达卢西亚之魂。

情迷西班牙

来到了西班牙，弗拉门戈的魅力不容错过。

饱享弗拉门戈的风情

据说弗拉门戈于15～16世纪出现在安达卢西亚地区。本地区当时处于犹太教、基督教、伊斯兰教这三大宗教的统治之下，罗姆（Roma）（西班牙语为"gitano"、英语为"gypsy"，如今已不再使用）逐渐迁入此地，从而在该地区形成了独具特色的一大文化。弗拉门戈便是这一文化的象征。

现代弗拉门戈的模式是19世纪左右形成的。19世纪末，被称为"歌手酒吧（Café Cantante）"的弗拉门戈酒馆一出现，便受到了人们极高的青睐，甚至蜚声海外，在全国各地进行公演，迎来了弗拉门戈的黄金时期。然而好景不长，由于收音机、电影等新型娱乐方式的普及，加上20年代末期的世界恐慌及30年代的内战，弗拉门戈逐渐衰退。

情迷西班牙

弗拉门戈再次出现在人们的视线中是在20世纪50年代。当时国民生活较为稳定、海外游客数量不断增加,被称为"Tablao"的小酒馆闪亮登场,世界各地的爱好者们纷至沓来。

歌(cante)、舞(baile)和吉他音乐(toque)是不可缺少的部分。当这三者结合在一起时,才形成了弗拉门戈这一艺术。

弗拉门戈欣赏之地

游客观看弗拉门戈最方便的还要数弗拉门戈小酒馆(Tablao)。"Tablao"在西班牙语中是由"tablado"(意为铺地板)一词演变而来,顾名思义,指的是铺满了地板的餐厅酒吧。

除了马德里、巴塞罗那这两大都市,弗拉门戈发源地安达卢西亚地区的塞维利亚、格拉纳达等城市中弗拉门戈小酒馆也很多。

| 欣赏弗拉门戈之地 | 马德里、巴塞罗那、格拉纳达、塞维利亚等地都有能欣赏弗拉门戈的餐厅、小酒馆。 |

Tablao de Madrid　马德里

主要舞者每月都进行替换,他们通常在表演进行到一半的时候登场。很多人都给予了这里"表演水平较高"的好评。观看演出的价格为35欧元,如果用餐或是点饮品需要另外支付费用。表演开始时间为20:00。

Café de chinitas 奇尼塔斯咖啡馆
Café de Chinitas

地图 p.38-A

交 2号线Santo Domingo车站出发,步行3分钟 ✉ Torija,7 ☎ 91 559 51 35 营 20:00~24:00(接待预约时间12:00~) 休 周日

Tablao de Madrid　马德里

模仿阿兰布拉宫内部的阿拉伯装修风格。靠近索尔(Sol)中心区。需要提前预约。晚餐开始于20:00,表演开始于21:00,包含晚餐在内的价格为82.28欧元,加上一杯饮料为42.35欧元。

Torres Bermejas 红塔
Torres Bermejas

地图 p.38-B

交 1/2/3号线Sol车站出发,步行5分钟 ✉ Messonero Romonos,11 ☎ 91 532 33 22 营 20:00~次日2:00 休 全年无休

弗拉门戈小酒馆、现场演奏酒吧、音乐节……都是好去处，游客们经常见到的小酒馆最便利。

看似简单的响板，却是弗拉门戈必不可少之物

游客可通过游客信息中心和入住的酒店获取相关信息。很多酒店都会摆放小手册和表演信息，有时还会帮助游客进行预约。在格拉纳达，提供从表演场地到住宿酒店的接送服务的小酒馆不在少数。p.21～p.23也列出了主要城市的小酒馆信息，可供游客参考。

虽然各家店的营业时间有所不同，但大部分都在21:00～22:00开店，24:00～次日2:00关门。每次表演时间约1个小时，加上休息时间，每天会进行2～3场演出。每天的第一场演出大部分为面向游客的通俗易懂的舞蹈，深夜时分则会上演"舞林高手"们的拿手好戏。然而，游客们深夜外出是比较危险的，还是在适当时间结束观看为好。回酒店时可以请酒馆的服务人员帮助叫出租车。

消费大致为小费+一杯饮料，有时候会配以晚餐，价格为30～80欧元。追加一杯饮料的价格则会比第一杯略贵一些。由

Tablao de Barcelona　巴塞罗那

开业于1970年。洞窟式内部装修风格。表演开始时间：第一场18:30、第二场20:15、第三场22:00、第四场23:00（有时会有变动）。包含晚餐在内的价格为78欧元（第三场表演时为69欧元）、添加一杯饮料的价格为42.5欧元。

Cordobes 科尔多瓦人
Cordobes

地图 p.84-J　　英📖 英👤

🚇 3号线Liseu车站出发，步行5分钟
✉ Las Ramblas,35　☎ 93 317 57 11
🕐 18:00～次日0:45　休 全年无休

Tablao de Granada　格拉纳达

在这里可以欣赏到热情奔放、典型的吉卜赛弗拉门戈表演。表演开始时间：第一场21:15（11月～次年2月从21:30开始）、第二场22:30（仅3～10月）。一杯饮料加送费用共30欧元。包含晚餐的价格为49欧元（带接送服务）。

Albayzin 阿尔瓦伊辛
Albayzin

地图 p.119-E　　英📖 英👤

🚇 从大教堂出发，步行25分钟
✉ Ctra.de Murcia,s/n　☎ 958 80 46 46
🕐 21:15～23:45　休 全年无休

 情迷西班牙

于并没听说过这里的晚餐特别美味,还是用完了晚餐再去比较好。

观众的座席是围绕着舞台布置的。有些店铺会对于熟客或者团体游客优先招待,若是点了单价较贵的晚餐的顾客也会被带至前排正对着舞台的座席。即便如此,总的来说酒馆并没有严格的规定,根据预约时的交际能力等也可调整座席位置。总的来说,主要还是靠运气。

除了小酒馆,同样可以欣赏到弗拉门戈的还有各地举行的弗拉门戈舞蹈节、现场演奏酒吧、联谊演奏会等。然而对于游客来说,参加这些活动可能会稍稍显得有些困难。舞蹈节信息可通过网络查询或者咨询西班牙政府旅游局。

Tablao de Sevilla 塞维利亚

圣塔克鲁兹广场对面的老字号弗拉门戈酒馆。在这里可以近距离地观赏到水平较高的弗拉门戈表演。附加一杯饮料的价格为35欧元。由于规模较小,最好事先预约。

Los Gallos 大公鸡
Los Gallos

地图 p.129-D 英■ 英■

交 从大教堂出发,步行7分钟
✉ Plaza de Santa Cruz,11
☎ 95 421 69 81
🕐 20:00~次日1:00 休 全年无休

Tablao de Sevilla 塞维利亚

斗牛场旁的大型弗拉门戈酒馆。在这里可以尽情欣赏正宗的"Ana Maria Bueno"弗拉门戈表演,也可一睹"Classic Espanyol"的风采。包含一杯饮料的费用为38欧元。

El Patio Sevillano 塞维利亚的庭院
El Patio Sevillano

地图 p.129-C 英■ 英■

交 从大教堂出发,步行10分钟
✉ Paseo Cristóbal Colón,11-A
☎ 95 421 41 20 🕐 19:00~23:30 休 全年无休

古堡酒店（Parador），指的是将现存的古代城堡、宫殿、修道院以及诸侯住所等历史价值较高的建筑物改建成的国营酒店。如今，西班牙有超过92家古堡酒店。在此住上一晚，想必那厚重的建筑风格、绝佳的风景名胜定会使你的西班牙游玩之情更加高涨和饱满。

情迷西班牙

入住真正的
Parador de ESPAÑA
古堡酒店

托莱多
Parador de TOLEDO

窗外风景如画

位于马德里附近，是极受游客欢迎的高级古堡酒店之一。这家酒店融入了卡斯蒂利亚地区传统建筑风格，贵族宅邸样式的建筑物位于高台之上，大部分的客房都与《世界遗产名录》中的美丽旧城区迎面相对。从阳台望去，那震撼的美景让人流连忘返，而最让人感叹的还是从房间里透过窗户向外眺望时的瞬间，宛如墙上挂着一幅绝美的风景图画一般。既然已经来到了托莱多这古堡之都，如果不享受这绝佳美景岂不辜负了此行的意义。预约时，请不要忘了说上一句"con vista（景观房）"，英语为"with a view"。

① 古堡酒店的入口
格列柯画卷中的美景展现眼前

②

双人房间室内图

地图 p.69-L ★★★★
🚆 从马德里乘坐AVE或巴士至托莱多车程10分钟（从老城区搭乘出租车需9~10欧元）
✉ Cerro del Emperador, s/n, 45002, Toledo
☎ 925 22 18 50　FAX 925 22 51 66
€ S€120.0、T€120.0　室 78

格拉纳达国营酒店
Parador de GRANADA

梦幻般格调带来极佳人气

　　位于阿兰布拉宫殿内的古堡酒店，融合了阿拉伯文化与基督教文化。这座由古老的修道院改建成的古堡酒店，拥有专为入住客人提供的幽静庭院，让您能在此独享奢华的宁静时刻。在西班牙的所有古堡酒店中它也首屈一指。餐厅给客人提供凉汤（Gazpacho）、西班牙土豆煎蛋卷（Tortilla espanola）等安达卢西亚当地特色菜肴。

客房中的摆设物品件件都散发着独特的气息

在客人专用的庭院里放松休憩

地图 p.119-B　★★★★★
🚉 从格拉纳达车站出发，约20分钟车程
🏠 Real de la Alhambra, s/n, 18009, Granada
☎ 958 22 14 40　FAX 958 22 22 64
€ S€200.0　T€200.0
室 40

圣地亚哥-德孔波斯特拉大酒店
Parador de SANTIAGO DE COMPOSTELA

位于圣地的庄严酒店

　　位于圣地亚哥大教堂的正对面，紧邻奥夫拉多伊罗广场（Plaza del Obradoiro），曾经为皇家医院及住宿部。哥特式、文艺复兴式、巴洛克式……集多种风格于一身的彩色建筑物向游客展示着五星级酒店的优雅风姿。

❶极具厚重感的餐厅，在这里享受加利西亚地方特色菜肴。
❷布置典雅、氛围轻松的客房

地图 p.136　★★★★★
🚉 从圣地亚哥-德孔波斯特拉车站乘车，需5～10分钟　🏠 Pza.Do Obradoiro,1,15705, Santiago de Compostela,A Coruña
☎ 981 58 22 00　FAX 981 56 30 94
€ S€140.0　T€155.0　室 128

卡多纳大酒店
Parador de CARDONA

流传着悲伤公主传说的中世纪古城

利用9世纪时期建造的古代城堡改建而成的古堡酒店。空间广阔的建筑物处处洋溢着浓厚的中世纪氛围，从位于7层的酒吧阳台往外走几步，再登上小塔，蒙塞拉特山脉美景尽收眼底。在酒店的餐厅内可享受到加泰罗尼亚的特色乡土菜肴。

少女之塔——信奉基督教的公主曾经被关押在此

地图 p.7-D　★★★★

🚍 在巴塞罗那市内乘车，约需1小时30分钟
✉ Castell de Cardona, s/n, 08261, Cardona, Barcelona　☎ 93 869 12 75　FAX 93 869 16 36
€ S€95.0　T€95.0
室 54

莱昂大酒店
Parador de LEÓN

极具艺术感的建筑物，不禁让人心生感动

建于16世纪，历史悠久。在所有古堡酒店中最显庄严。尤其值得一提的是，宽达100米的外观墙是其标志性建筑。夜晚伴着圣马可广场（Piazza San Marco）的美景，在灯光的映照下，整个酒店更显梦幻般意境。

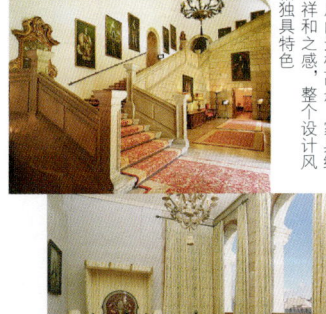

酒店内天棚高悬，家具给人祥和之感，整个设计风格独具特色

文艺复兴式的美丽外观

地图 p.6-B　★★★★★

🚍 从莱昂车站步行15分钟，车程5分钟
✉ Pza.de San Marcos, 7, 24001, León
☎ 987 23 73 00　FAX 987 23 34 58
€ S€80.0　T€80.0
室 230

情迷西班牙

阿维拉古堡酒店
Parador de ÁVILA
建于世界遗产之都的厚重建筑物

古老城墙将旧街市围绕其中而形成的世界遗产之都。利用卡门之门附近的官邸（Piedras Albas）改建而成的古堡酒店，历史悠久，给人安静沉稳的感觉。在酒店的餐厅里还可享受到阿维拉牛肉的独特味道。

餐厅推荐菜——西班牙蔬菜炖猪肉、小牛排

地图 p.6-F　　★★★★
交 从阿维拉车站乘坐出租车需5分钟
Marqués Can-ales de Chozas,2. 05001. Avila
☎ 920 21 13 40　U 920 22 61 66
€ S€80.0　T€80.0　室 61

入住古堡酒店之时

入住古堡酒店，可以选择通过旅行社，也可以自己直接预订。可以直接给古堡酒店打电话或发邮件预订。如果选择古堡酒店位于国内的代理店的话会更加便利，既没有语言上的障碍，也能获得更多相关信息。

1 申请
- 通过电话、传真、电子邮件申请申请表
  ⇩
- 通过电话、传真、电子邮件获得申请表
  ⇩
- 通过电话、传真、电子邮件寄出申请表

2 确认预约
确认预约后，请对方通过电话、传真、电子邮件告知联络方式。

3 支付费用
预约后，请对方发送请求书即预约确认书。在规定期限内（通常为1个月）把费用汇入对方指定的银行账户。

4 获得支付凭证
确认对方收到款项后，出发前两周内会收到对方寄出的支付凭证。

5 住宿
入住时向前台出示支付凭证（早晚餐、小费以及客房服务费用需另行支付）。

■位于马德里的预约中心
Paradores de Turismo de España
Calle Jose Abascal,2-4 Madrid.España
☎ 902 54 79 79
FAX 902 52 54 32
邮 reservas@parador.es
HP www.parador.es

西班牙历史早知道

学历史 助兴旅游

多民族并存、多种宗教文化交织碰撞，共同演绎出了西班牙往昔的繁荣昌盛。如果事先了解一些西班牙的历史知识，那么旅游起来定会更加有意思。

西班牙的诞生

据说，有名的阿尔塔米拉洞窟壁画出现的时间大概是2万年前。现在西班牙人的祖先是公元900年从欧洲侵入这里的凯尔特人与来自非洲的移民伊比利亚人的后代，被称为凯尔特伊比利亚人。之后，腓尼基人、希腊人也来到伊比利亚半岛，共同建造了城市加的斯。

罗马帝国的一部分

继腓尼基人、希腊人之后，公元前6世纪左右来自对岸北非的卡塔戈人开始入侵。在此后长达400年之久的时间里，伊比利亚半岛一直是卡塔戈的殖民地。统治着地中海西部的卡塔戈和新兴势力罗马人形成了两雄争霸的局面。经过3次激烈的布匿战争后，卡塔戈灭亡，伊比利亚半岛成为了罗马的殖民地，也由此政治、经济、法律等制度开始逐步完善，并修建了保留至今的塞哥维亚水道桥。

深受蛮族、异教徒的侵略

在罗马时代的统治下，伊比利亚半岛经历了长达600年的繁荣时期。507年，日耳曼各民族翻越比利牛斯山脉大举入侵，并建立了西哥特王国。579年迁都托莱多后，由于王族内部纷争，统治逐渐变弱。711年，伊斯兰教徒从北非地区开始入侵，到716年已经统治了半岛2/3的地区。对西班牙历史、文化带来深远影响的伊斯兰教的统治持续了约700年。

西班牙光复运动

现已成为世界遗产的格拉纳达的阿兰布拉宫殿、为安达卢西亚地区带来繁荣的灌溉技术、用巴伦西亚的大米烹饪的特色海鲜饭等等都是伊斯兰教徒的功劳，与此同时基督教徒的反抗丝毫未减。以北部城市阿斯图里亚斯王国为中心地区，爆发了基督教徒的反击活动。以722年在科瓦东加战役中取得的小胜利为开端，逐渐取得莱昂王国、卡斯蒂利亚王国、阿拉贡王国的政权，这一系列战役被称为收复失地运动或西班牙光复运动。直至1492年，格拉纳达王国灭亡，才就此宣告基督教徒收复失地运动落下帷幕。

日不落帝国

光复运动结束的1492年，也是哥伦布发现新大陆的那一年。作为哥伦布的资助者，卡斯蒂利亚王国统一了西班牙，入侵、占领了哥伦布发现的南美洲，获取了极大的财富。西班牙帝国同时占领、控制了南美洲、西班牙、荷兰、奥地利等国家，号称"日不落帝国"，同时也就此确立了欧洲最强国的地位。

近世、近代、现代

因扩张新大陆等缘故，和当时英国伊丽莎白一世开始对立。派遣至英国的远征军大败。此后，经过荷兰独立运动、拿破仑进攻等几番折腾，开始衰败。进而由于工业革命迟缓，20世纪开始接连失去新大陆、亚洲等殖民地。1936年西班牙由于内战一分为二，1939年佛朗哥将军实行独裁统治终结了内战。1975年佛朗哥去世，开始实行君主立宪制。随着民主制度的确立，经济复苏，逐渐成为欧洲主要国家。

区域地图

马德里	30	巴伦西亚	116
托莱多	66	格拉纳达	118
塞哥维亚	72	科尔多瓦	124
拉曼查	74	塞维利亚	128
阿兰胡埃斯	76	太阳海岸	132
巴塞罗那	78	龙达	134
蒙特塞拉特	114	圣地亚哥-德孔波斯特拉	136

西班牙一周游推荐路线

提前一晚或者是乘早班机抵达马德里,如果体力充沛的话,可以到近郊区游玩。从塞维利亚出发不去巴塞罗那,而是向着北部城市圣地亚哥-德孔波斯特拉也是个不错的选择。

- **第1天** 晚上 抵达马德里(住马德里)
- **第2天** 上午 马德里市内参观(住马德里)
  下午 观光或购物(住马德里)
- **第3天** 最后一天 前往托莱多来场一日游(住马德里)
- **第4天** 上午 乘坐AVE抵达科尔多瓦。参观科尔多瓦 下午 乘巴士前往格拉纳达(住格拉纳达)
- **第5天** 上午 参观格拉纳达 下午 乘巴士前往塞维利亚(住塞维利亚)
- **第6天** 上午 参观塞维利亚 下午 乘飞机前往巴塞罗那(住巴塞罗那)
- **第7天** 最后一天 巴塞罗那市内参观(住巴塞罗那)
- **第8天** 上午 回国

马德里
MADRID
地图p.6-F

马德里位于伊比利亚半岛的中央地区，人口300万，是西班牙的首都。它不仅是西班牙的政治、经济中心，也是一座能代表西班牙当代发展成就的都市。

颇具时代感的马约尔广场

ACESS 机场→马德里市内
出租车大约需20分钟、30欧元
乘坐地铁8号线到市内约4.5欧元
机场巴士到阿托查火车站约40分钟、5欧元

旅游咨询处
马约尔广场
▶9:30~20:30　TEL：91 454 44 10
巴拉哈斯机场・4号航站楼到达大厅
▶9:00~20:00　TEL：91 333 8247

城市概况

马德里的建成历史相对较短，自西班牙国王费利佩二世于1561年在此建都以来才真正开始。与"热情的国度——西班牙"的首都这一形象不太相符，马德里海拔646米，在欧洲诸国的首都中属于海拔较高的。马德里的大发展是从19世纪后半期开始，进入20世纪之后才逐渐发挥起当代首都的功能。

与其他历史古都相比，马德里的建成历史虽然较短，但却拥有极其丰富的旅游资源。代表性的景观为皇家宫殿。反映着18世纪波旁王朝荣耀的建筑物与其内部的收藏品，给人一种实实在在的震撼感。

城市的中心地区，是围绕着太阳门广场（Puerta del Sol）的一带老城区，西边为王宫和马约尔广场（Plaza de Mayor），东边为普拉多博物馆、阿托查车站（Atocha Railway station）。这里有着无数的酒吧、餐厅及弗拉门戈小酒馆，夜晚在此可以深切地感受到马德里人的热情。此外，连接地铁格兰维亚站（Gran vía）与市立博物馆的富恩卡拉尔大街（Fuencarral）周围，是引导马德里流行潮流的购物街。

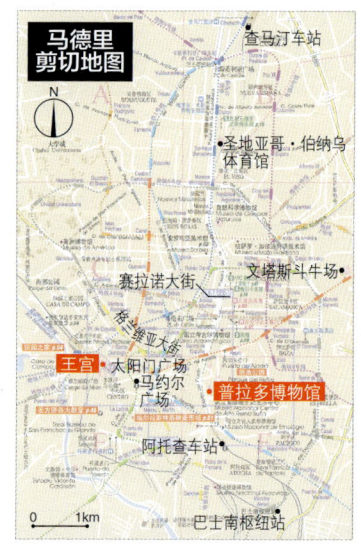

马德里剪切地图

热门景点

到达马德里,仅市内观光就需要1日,想要好好参观普拉多博物馆的话就需要两日时间,或者要是到近郊去一日游或者在市内购物游玩就需要预留3天时间。当然,前往市内主要景点都有地铁直达,非常方便。

其实马德里除王宫、美术馆、教会等外,马约尔广场、太阳门广场周边也是游玩的好去处。在中世纪风格的建筑里,酒吧、礼品店等带有当地风情的小店鳞次栉比,购物、散步是个不错的选择。从位于老城区东侧的西贝莱斯广场到太阳门广场绿树浓荫,非常适合悠闲散步。

酒吧下酒菜

◆ 弗拉门戈·足球·斗牛

在马德里可以切实感受到斗牛、足球、弗拉门戈等颇具西班牙魅力的活动。观看足球或者斗牛比赛的话,需要根据季节或者门票情况来做具体安排。观看弗拉门戈表演的话,前往小酒馆(P.20)就行。最好为马德里观光预留一夜的时间。

出自戈雅等名画家之手的名画汇聚的美术馆

推荐旅游线路
以停留3日为例旅行路线

model plan

※到达时间为首日早上的情况

第1天

AM
- 从机场前往酒店
  将行李寄存在酒店
- 参观王宫
  感受西班牙王宫的威严

PM
- 午餐
  海明威生前经常光顾的波汀餐厅等都是不错的选择(p.55)
- 市内散步
  欣赏着市内风景朝酒店方向出发。办理入住手续。

第2天

AM
- 普拉多博物馆
  欣赏各种各样的名画

PM
- 午餐
  午后市内参观的话推荐到太阳门广场周边用餐
- 市内观光
  除普拉多外的美术馆、教堂等也很值得一看
- 购物
  格兰维亚大街上有很多老店。想找有格调店铺的话,推荐赛拉诺大街。
- 弗拉明戈
  到弗拉明戈边晚餐边欣赏表演吧!需要提前预约。

第3天

AM
- 托莱多一日游
  可以去托莱多(p.66)、塞哥维亚(p.72)等来场一日游。

PM
- 傍晚回到马德里
  要是想购物的话,就要早点回到马德里。普拉多也直到晚上8:00才关门。

仅首都马德里能欣赏到精湛的弗拉门戈表演

市内交通

地铁 Metro
费用：单程票1.5欧元

在市内观光时，地铁为各种交通方式中最为便捷的一种。地铁线路几乎覆盖了市内所有的旅游热点。马德里市内共有13条地铁线（算上近郊线路则共有16条），运行时间为早上6:00～次日凌晨1:30。16条地铁线路中，只有6号线为环状线路。

在地铁售票处，同时设有自动售票机和人工售票处。自动售票机又分为信用卡专用机、信用卡与现金并用机两种。购买方法为：首先选择车票种类和张数，然后支付屏幕上显示的金额。使用信用卡购买车票时，还需按下PIN以及绿色按钮。使用现金购买车票时，售票机可根据金额找零。

市内13条线路，地区不同费用不同。游客乘坐率较高的A区，单程票为1.5欧元（机场线4.5欧元，一日票8.4欧元）。只要不出站，就算一次的费用。另外，还设有通票。

购票后通过自动检票机可到达乘车大厅。通过自动检票机时首先将车票放入，然后按下横杆便可通过。此外还设有装有自动门的检票机。在进站时将车票放入检票机后，请妥善保管车票。地铁内有时会有工作人员进行查票，如果手上没有车票则需缴纳罚金。

出租车 Taxi
基本费用：2.4欧元

在西班牙打车的方法与在中国大致相同。可在马路上设有的出租车乘车处打车，也可以让酒店帮忙叫车，还可以在大街上拦住身边经过的出租车。乘客一般坐在后排座位，坐稳后告诉司机自己的目的地。在西班牙英语一般是行不通的。

乘车时自己开车门

市内巴士 Autobús
费用：单程票€1.50

巴士共分为三种。第一种为红色巴士，涵盖了市内所有区域，有150多条路线。

费用与地铁一样采取单一票制，1.5欧元。乘坐巴士时可以购买巴士、地铁共用的10次通票，价格为12.2欧元。通票可在E.M.T.（马德里自治政府交通事业部）开设的KIOSCO处（书报亭）以及香烟店购得。

黄色和绿色的巴士，根据目的地不同价格也不一样。黄色巴士为快车，绿色巴士则通常开往近郊地区。

从前门上车

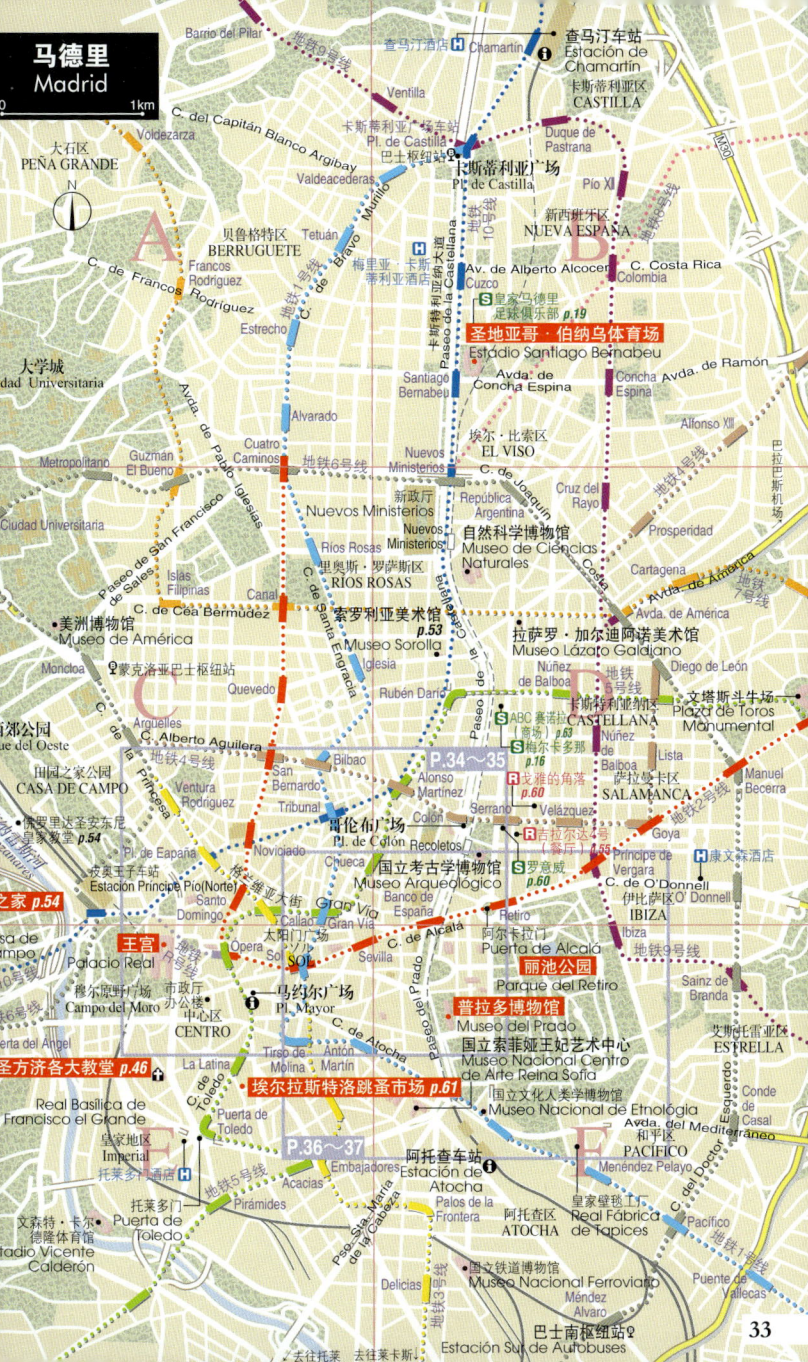

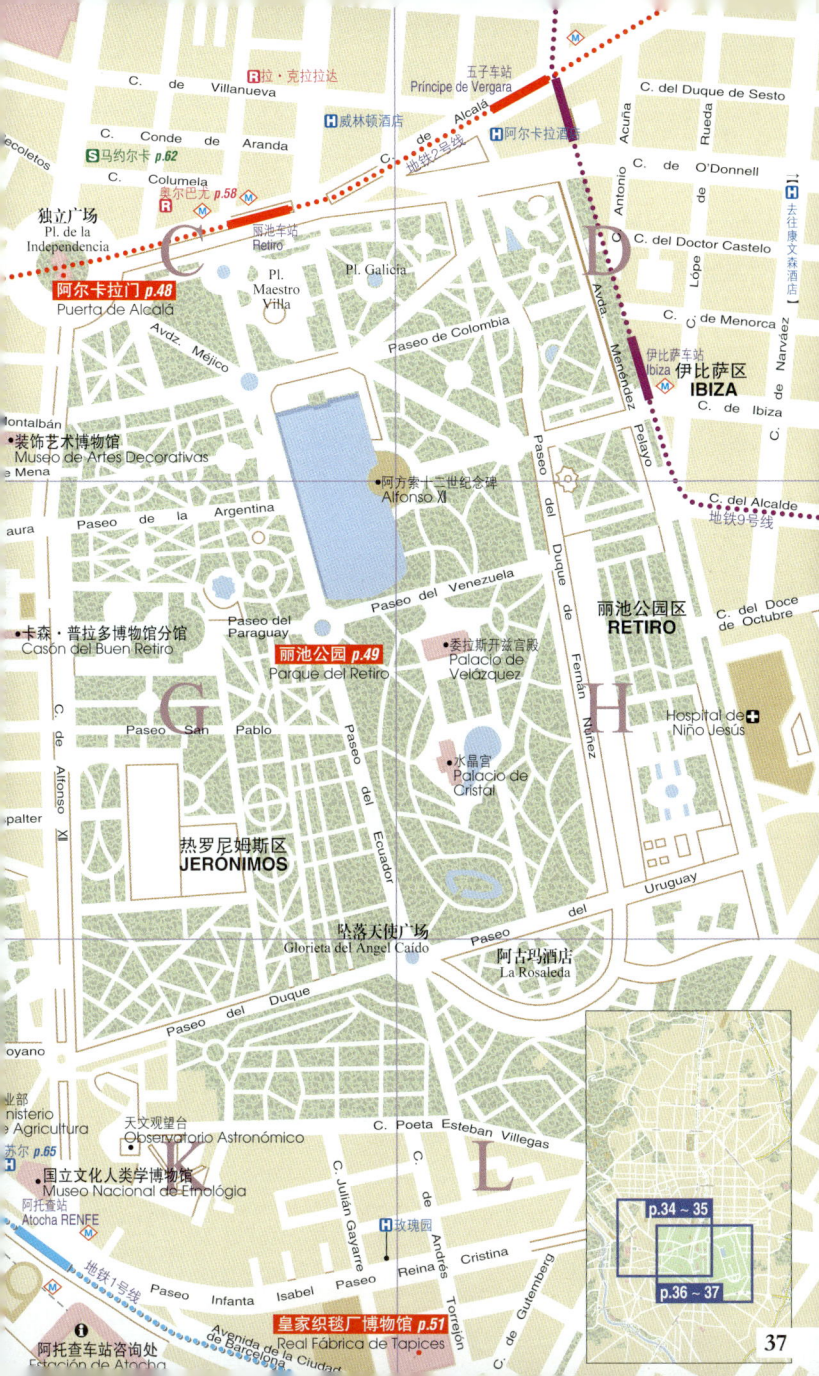

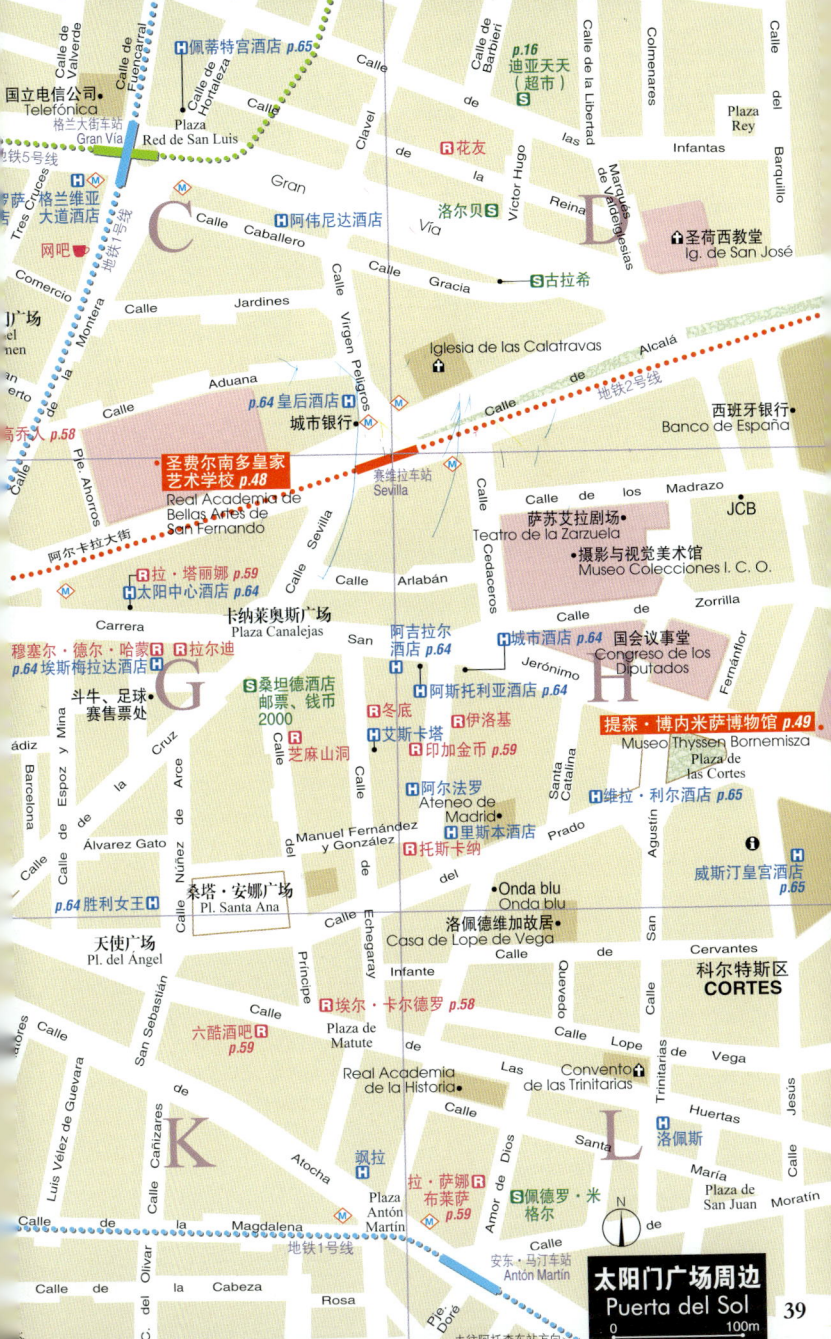

MUSEO NACIONAL DEL PRADO

> 普拉多博物馆藏有8 000余件美术作品。因其丰富的收藏数量和精湛的收藏质量,普拉多博物馆与法国的卢浮宫(louvre)、俄罗斯的埃尔米塔什博物馆(冬宫)一道被称为世界三大美术馆。

探访普拉多博物馆

主要展示西班牙王室的收藏品

普拉多博物馆于1785年在卡洛斯三世的统治下开始建设,当时的设想是将其建设成为一家自然科学博物馆。设计者为当时在西班牙极具代表性的建筑家比利亚努埃瓦(Juan de Villanueva)。后来与拿破仑之间的战争使得建设进程一度停滞,战后费尔南多七世将其重新规划为收藏王室艺术品的美术馆。馆中以展示西班牙王室数量庞大的艺术收藏品为主要内容,这一昔日的国家美术馆至今仍延续着收藏各类珍贵艺术品的传统。

普拉多博物馆有4扇门,每扇门前分别竖立着戈雅、委拉斯凯兹、穆里略与圣赫罗尼莫这四位画家的青铜塑像,就好像迎接着来访的游客一般。主要的进出门为戈雅门,可通过地上的台阶进入常规展览区域。由于入门前需安检,入场时需要花费一些时间。馆内不允许拍照,若携带了大件行李物品必须预存后方可进场。

埃尔·格列柯与多彩的画家们

在普拉多博物馆的一层(在西班牙称为底层),以埃尔·格列柯(1541—1614)的作品为主,还有15~16世纪西班牙国内外众多画家的作品。格列柯于1541年出生在希腊的克里特岛,原名为多米尼克斯·希奥托科普罗斯。"El Greco"在西班牙语中是"一个希腊人"之意,虽然格列柯一生都被人唤以此名,但他在自己的每幅作品中却都签下了自己的原名。

作为作品的一大特征,画中出现人物的头颅都较小,四肢细长。他的作品独具一格,以将幻想与写实主义完美融合的宗教画为主。格列柯与戈雅、委拉斯凯兹并称为西班牙三大巨匠,还享有"最纯粹的西班牙之魂"的美称。

普拉多博物馆中展示着《圣三位一体》(Trinidad)、《受胎告知》(La anunciación)、《青年骑士像》(Caballero joven)等共计39幅格列柯的艺术作品,这其中又数《青年骑士像》享有最高美誉,被称为格列柯的杰作之一,为不可错过的艺术品之一。画中骑士那深邃而又清澈的眼神,一定会把你不自觉地吸引过去。

埃尔·格列柯的《受胎告知》描绘了圣母玛利亚被天使告知受胎的情景

15～16世纪的西班牙油画中引人注目的杰作有昆丁·马西斯的《看这个人》等作品,在这家博物馆中亦可欣赏到。

作为15～16世纪佛兰德斯画派的代表,馆内展示着博斯(Hieronymus Bosch)的《人间欢乐园》、勃鲁盖尔(Pieter Brueghel El Viejo)的《死亡的胜利》等名作。博斯为早期佛兰德画派的画家,对后来的写实主义的画家们也造成了较大的影响。其极具想象力的梦幻世界,不由得让观赏者流连忘返。

《人间欢乐园》为博斯的代表作之一,共由3块画板组成,以声音效果自动开关的形式供游客观赏。门上为《创世图》,打开门之后可以看到左侧为《地上的乐园》、中央为《人间欢乐园》、右侧则是以《地狱》为主题的油画。

15～16世纪的意大利油画中,体现文艺复兴风格的拉斐尔的《带着羊的圣家族》、桑德罗·波堤切利(Sandro Botticelli)的《老实人纳斯塔基奥的故事》及弗拉·安杰利科的《受胎告知》等都为宗教油画中的大作。

馆内还有大量16世纪时期威尼斯(Venezia)画派的油画,其中提香·韦切利奥(Tiziano Vecellio)的《查理五世皇帝在米尔贝格》、丁托列托(Tintoretto)的《耶稣给门徒洗脚》、保罗·委罗内塞(Paolo Veronese)的《神殿中与博士进行议论的基督》等作品十分著名。

穆里略《创世图》取自《新约圣经》中的题材,画中为幼年基督的形象

拉斐尔《带着羊的圣家族》

埃尔·格列柯的《圣三位一体》作品中的耶稣形象是参考了米开朗基罗的《哀悼基督》而画成,鲜艳的色调为其一大特征

此外,德国油画中值得一提的是丢勒(Alberto

Durero)的《亚当》和《夏娃》。

委拉斯凯兹与17世纪的画家们

博物馆2层以被称为"画坛巨匠"的宫廷画家委拉斯凯兹（1599—1660）的作品为中心，展有17世纪活跃在欧洲画坛的名家的作品。

委拉斯凯兹出生于塞维利亚，24岁时受到费利佩四世的赏识成为宫廷画家。在这之后，创作了《费利佩四世》（Felipe IV）、《奥地利女王玛格丽特》（La Infanta Doña Margarita de Austria）等以王室肖像画为主的作品，供后世瞻仰。

委拉斯凯兹的作品大部分是作为宫廷画家时所作，代表作有《宫女》《勃列达的受降》等。

馆中所展出的17世纪西班牙油画中，除了委拉斯凯兹之外，还有弗朗西斯科·德·苏巴朗（Francisco de Zurbarán）（1598—1664）、穆里略（Murillo）（1617—1682）等大家的作品。

苏巴朗的画超脱，让人感觉平和、宁静。名作《静物》（Bodegón）中对光与立体感的展现是其绘画风格的一大特点。

穆里略与委拉斯凯兹一样出生在塞维利亚，与委拉斯凯兹和苏巴朗相比，其笔触柔软，以作品《圣母无原罪》为题材而进行创作的画作留存至今。

17世纪佛兰德斯派油画作品中，鲁本斯（Paulus Rubens）的《圣家族》（Sagrada Familia）、《爱之园》（Jardín del Amor）等杰作最具代表性。鲁本斯的代表作通常被认为是《三美神》（Las Tres Gracias），想必对画中描绘的丰满女性印象深刻的画迷们很多。

迎接来访游客的委拉斯凯兹铜像

荷兰油画展品中有荷兰代表性画家伦勃朗·哈尔曼松·凡·莱因（Rembrandt Harmenszoon van Rijn）的作品《自画像》（Autorretrato），作品散发着一股神秘的气息。

戈雅与18世纪的名画家们

西班牙油画之瑰宝，戈雅（1746—1828）的作品位于博物馆的2、3层中。展示面积较小、布置精致的3楼就好像是为戈雅所设的专用展览室一般。

戈雅出生

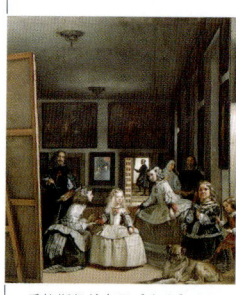

委拉斯凯兹名画《宫女》（Las Meninas）位于作品中央年幼的公主被身边一群宫女们包围着。内侧的镜子映射出国王夫妇的身影。观赏油画的人，仿佛就与国王站在同一位置一样。

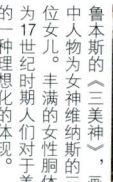

丢勒的《亚当》

弗拉·安杰利科的《受胎告知》

鲁本斯的《三美神》，画中人物为女神维纳斯的三位女儿。丰满的女性胴体，仿佛是17世纪时期人们对于美的一种理想化的体现。

马德里

苏巴朗的《静物》

在西班牙的阿拉贡地区，30岁出头时以描绘壁毯的底画起家，从此踏上了画家之路。博物馆收藏《马德里的节日》《蒙着眼睛游戏》等戈雅早期的作品，以及大量描绘西班牙日常风景、具有轻快风格的作品。

之后戈雅成为了费利佩四世的宫廷画家。在此期间，他的代表作有《卡洛斯四世全家像》（*La Familia de Carlos IV*）、《裸体的马哈》（*La Maja Desnuda*）、《着衣的马哈》（*La Maja Vestida*）等人们耳熟能详的杰作。

然而，随着年龄的增长，戈雅的画风逐渐发生了变化。创作出以拿破仑率领的法国军队镇压起义人民为题材的作品《1808年5月2日》（*El Dos de Mayo*）、《1808年5月3日夜枪杀起义者》（*Los Fusilamientos de la Moncloa El Tres de Mayo*）之后，在晚年时期迎来了作品发表的"黑暗时代"。晚年时期的作品，以《圣伊西德罗的巡礼》（*The Hermitage of San Isidro*）、《两名修道

戈雅的《1808年5月3日夜枪杀起义者》

士》《萨坦吞吃自己的孩子》（*Saturno Devorando a un Hijo*）等描绘人内心烦恼与心中束缚的作品为主。让人不禁猜测，这也许是因为他在50岁时患上大病丧失了听力所致。

戈雅的《卡洛斯四世全家像》

戈雅的《裸体的马哈》

戈雅的《着衣的马哈》

戈雅的《萨坦吞吃自己的孩子》

戈雅的《收获葡萄》

DATA

MAP：p.35-L
🚇 从地铁2号线Banco de Espana站出发，步行7分钟
🕐 10:00~20:00，周日、节假日~19:00／1月1日、5月1日、12月25日休息（新年期间营业时间可能变短）
💶 €14　☎ 93 330 28 00

Sightseeing 观光

王宫~西贝莱斯广场
Palacio Real~Plaza da la Cibeles

从王宫到西贝莱斯广场的途中，格兰维亚大街（Gran Vía）及太阳门广场附近的旅游景点数不胜数。若没来到这里，便不能称上来过马德里。热闹的城区、安静的小巷……各式各样的街道等着你的到访。那么，让我们一起去探个究竟吧！

王宫
Palacio Real

地图 p.34-E
交 从地铁2、5号线Opera车站出发，步行5分钟
€ 17欧元〔无导游则为10欧元〕
营 夏季10:00~20:00、冬季10:00~18:00/1月1日和6日、5月1日、12月25日休息

王宫现在所在的位置是直至1083年基督教徒夺回马德里之前伊斯兰教徒的城塞，之后成为了国王的居所。1734年惨遭大火，大量的艺术品未能幸免于难，在大火中烧毁。新宫殿在设计时邀请了当时的意大利建筑家谢瓦拉，但他却在施工之前去世。后又请来其弟子萨凯提，以及萨巴蒂尼和罗德里格斯（Ventura Rodriguez）等加入，最终于1764年建设完成。

建筑样式以古典主义风格的巴洛克式为主。如今国王一家居住在郊外的萨苏埃拉宫内，除了在例行公事时使用以外，在其他时间王宫都向公众开放。

巍峨壮观的西班牙王宫

阿穆德纳圣母主教座堂（Almudena）

这座150米高的建筑物中有2 800个房间，其中的50间可供游人观赏。模仿凡尔赛宫的镜厅而建的宝座间、加斯帕里尼大厅以及晚餐会时使用的宴会堂等，无一不是奢华的极致体现。室内的陶器、金银手工装饰品及吊灯皆为世代相传的王室收藏，戈雅、博斯、委拉斯凯兹等名家的作品以及2 500多张精美的壁毯都是不容错过的绝佳看点。

王宫周边拟建的贵族居住区域已经被列入了城市规划当中，是一片绿意盎然的广阔空间。西侧的莫罗原野广场（Campo del Moro）中有着展示45台马车和侍者制服的马车博物馆（Museo de Carruajes）。而南侧的皇家兵器广场（Plaza de la Armería）上有展示着卡洛斯一世的盔甲及英雄熙德（El Cid）的宝刀（Tizona）的武器博物馆（Real Armería）。

阿穆德纳圣母主教座堂（Catedral Nuestra Señora de la Almudena）的礼拜堂的建设周期很长，历时100余年才在1993年宣布竣工。711年伊斯兰教徒攻入伊比利亚半岛，在马德里被占领之时，被基督教徒们藏于不易破坏的城墙（阿拉伯语为"Almudena"）中的圣母玛利亚像竟然于370年后奇迹般地重见天日。教堂

的名称是因其建在城墙遗址处而得来。此外，王宫北边为萨巴蒂尼庭院，东边为东方广场。东方广场是为了改善从王宫眺望景致时的视野而建，中央部位立着费利佩四世的骑马像。该塑像以委拉斯凯兹所作的肖像画为原型制作而成。历代的国王塑像环绕在广场四周。进入王宫内部时需经过安全检查。

西班牙广场
Plaza de España

地图 p.34-E

交 从地铁3、10号线Plaza de España车站出发，步行1分钟

西班牙广场是格兰维亚大街的起点，在此拍照摄影的游客络绎不绝。广场的中央立着小说《堂吉诃德》的作者塞万提斯的纪念碑，在塞万提斯的脚边，堂吉诃

西班牙广场和西班牙大厦

德跨在马背上向游客招手，桑丘·潘沙（Sancho Panza）则在一旁沉默地骑着毛驴。

这些皆是为了纪念塞万提斯逝世300周年而建。纪念碑后耸立着西班牙

塞万提斯和堂吉诃德的雕像

大厦（Edificio España），大楼左侧的高层建筑为马德里塔（Torre de Madrid），是一片住宅和办公区域。

圣米格尔市场
Mercado de San Miguel

地图 p.34-J

交 从地铁2、5、R号线Opera车站出发，步行3分钟
营 10:00～24:00（周四、周五、周六至次日凌晨2:00），周日休息

圣米格尔市场位于马约尔广场附近。除了肉、鱼、蔬菜类，还有出售橄榄油、红酒、奶酪、牡蛎、鳕鱼干、冰激凌、蛋糕的路边小货车。可以坐

全年无休，对游客们有很高的利用价值

在位于中心地区的坐椅上慢慢享用美食，也可将在店中购买的食材带入喜爱的小酒吧请厨师按照地道的方法烹饪。只需点上一杯酒水，即可将购买的小菜带入酒吧食用。

皇家化身修道院
Real Monasterio de la Encarnación

地图 p.34-E

交 从地铁2、5号线Opera车站出发，步行5分钟
€ €7.00
营 周二～周六10:00～14:00、16:00～18:30，周日、节假日10:00～15:00/周一，1月1日、6日，圣周期间（复活节前的一周）、5月1日、7月27日、12月24日、25日、31日休息

皇家化身修道院是费利佩三世的王妃建立的奥古斯都会女子修道院。1611年开始修建，5年后竣工。由于很多的王室女性曾居住在此，因此这里有大量进贡的美术作品。附属的博物馆中还展览着油画、雕刻、皇家遗物、典礼用具等物品。

Sightseeing 观光

收藏着各式多彩艺术品的皇家化身修道院

圣方济各大教堂
Real Basílica de San Francisco el Grande

地图 p.33-E ✱✱

交 从地铁5号线La Latina车站出发，步行8分钟　€ 3欧元　营 周二~周六10:30~12:30/16:00 周日、周一、节假日休息。7月、8月份周二~周日10:30~12:30/17:00~19:00也休息

13世纪初，来自阿西西的圣佛朗斯科在朝圣途中建造的圣堂是其原型。后在修道士圣佛朗西斯科·卡维萨斯（Francisco Cabezas）的设计下于1784年建造完成，是一栋圆顶教堂。建筑物为典型的新古典主义风格，直径33米的巨大圆形穹顶出自于建筑大家萨巴蒂尼之手。圆顶大堂的四周环绕着6座礼拜堂，礼拜堂中皆饰有壁画，这其中还包括苏巴朗的作品、戈雅的《圣贝尔纳尔蒂诺》等著名画家的作品。此外，这里还展示有描述圣佛朗西斯科生平的绘画等画廊风格的作品。

教堂藏有苏巴朗和戈雅的作品

马德里市政广场
Plaza de la Villa

地图 p.34-I ✱

交 从地铁2、5号线Opera车站出发，步行8分钟
营 市政厅仅外观供参观

17世纪建造的市政厅

市政厅的建筑物落成于1617年，与马约尔广场一样出自设计家胡安·戈麦斯·德摩拉（Juan Gómez de Mora）之手。

重叠的红色琉璃瓦结构是17世纪哈布斯堡时期建筑物的典型特征。马约尔大街对面的小礼拜堂是为了方便贵族们观看圣体节祭拜队伍于后期补建的。规模庞大的壁画、天棚上的彩绘玻璃……游客们可慢慢欣赏广场的豪华装饰。

这个不规则形状的偌大广场有大量历史性的著名建筑。其中历史最悠久的还数位于广场东侧、建于15世纪的卢哈内斯塔楼（Casa de los Lujanes）。经历多次修缮之后，建筑物本来的面貌已经不复存在。

位于广场南侧的西斯内罗斯之家（Casa de Cisneros）是16世纪的产物，如今的用途是市长办公室。

马约尔广场
Plaza Mayor

地图 p.34-J ✱✱✱

交 从地铁1、2、3号线Sol车站出发，步行5分钟

马约尔广场为一个长约122米、宽

约94米的四方形广场，四周由4层高的建筑物围绕而成。奉费利佩三世之命于1619年开始建造，遭遇了3次火灾之后，1953年修成了如今的模样。1层为咖啡馆和一些小店铺，2~4层为住宅区。广场中央耸立着费利佩三世的骑马像。游人可通过四周的9道大门离开广场。如果从库齐里埃洛斯门（Cuchilleros）出来沿着石阶向下，便可到达库齐里埃洛斯大街，这里可是吃喝玩乐的绝佳场所！

马约尔广场中还有酒吧、特产商店和旅游咨询处

圣伊西德罗教堂
Catedral de San Isidro ✹✹

地图 p.34-J

交 从地铁5号线La Latina车站出发，步行3分钟 营 7:30～13:00、18:00～21:00，弥撒期间不开放

　　最初是作为西班牙首个耶稣会的教堂于17世纪前期修建而成的，后来由于18世纪后期西班牙对耶稣会采取流放政策，这里便成了马德里守护圣人伊西德罗的纪念教堂。在1885年至阿穆德纳圣母主教座堂建成的1993年之间，这里也作为马德里主教堂之用。文艺复兴样式的教堂有两座高耸的尖塔、规模宏大的圆柱，正面中央耸立着圣伊西德罗的雕像。

太阳门广场
Puerta del Sol ✹✹

地图 p.34-J

交 从地铁1、2、3号线Sol车站出发，下车即到

　　太阳门广场是马德里人最热爱的去处之一，也简称"索尔广场"。这里洋溢着浓厚的平民城镇气息，谈生意喝茶的人们经常在此相聚。从这里有9条大道分别向西班牙各地延伸，在马德里自治厅政府前方的道路上埋有表示西班牙国道起点的"0km"标志。背对钟表台建筑而立，正面是购物便利的英国宫百货商店（El Corte Inglés），沿着普莱西阿多斯大街（Calle Preciados）向前走，就可到达格兰维亚大街。索尔地区的东侧是普拉多博物馆，西侧为西班牙王宫，无论哪个景点都可以步行到达。

太阳门广场上耸立着圣伊西德罗的雕像

皇家赤足女修道院
Monasterio de las Descalzas Reales ✹✹

地图 p.34-F

交 从地铁1、2、3号线Sol车站出发，步行5分钟 € 7欧元
营 开馆：周二~周六、周日、节假日 /周一、1月1日、6日，圣周期间，5月1日，12月24日、25日、31日休息

　　位于英国宫百货商店背后。奉卡洛斯五世之女胡安娜之命于16世纪创建，许多的皇室女性曾经在这里度过隐居的生活。外观与埃斯科里亚尔宫（El Escorial）相似，给人一种朴素而威严的感觉，一旦进入院内便会

Sightseeing 观光

发现四处皆是华丽的装饰。尤其是天花板和墙壁上的巨幅壁画,实为压轴之作。由于皇室女性们长时间居住于此,因此院内藏有大量顶级美术作品,其中还包括鲁本斯所作的壁画背景图、勃鲁盖尔(Brueghel)及苏巴朗等大家的作品。

圣费尔南多皇家艺术学院
Real Academia de Bellas Artes de San Fernando

地图 p.35-G ＊＊

交 从地铁1、2、3号线Sol车站出发,步行3分钟
€ 6欧元(周三免费)
营 周二~周日10:00~15:00 / 周一、1月1~6日、5月1~30日、11月9日、12月24~25~31日休 ☎ 91 524 08 64

这座学院于1752年由费尔南多六世主持建造,藏有大量以苏巴朗、戈雅等人为首的西班牙名家作品。设有戈雅作品专门展室,有《埋葬沙丁鱼》《异端审问》、两幅《自画像》等13幅戈雅的名作。

此外,这里还收藏了穆里略的《圣母无原罪》、苏巴朗的5幅修士系列作品、委拉斯凯兹的《费利佩四世》等西班牙油画发展史上黄金时期的杰作。

除了西班牙油画之外,这里还有鲁本斯的《苏珊娜和长老》、安东尼·凡·戴克(Anthony van Dyck)和丹尼尔·西格斯(Daniel Seghers)的佛兰德斯派油画以及路易斯·德·莫拉雷斯(Luis de Morales)的《圣母怜子图》(Pietà)、乔瓦尼·波蒂尼(Giovanni Boldini)的《救世主基督》和科雷焦(Correggio)的《圣耶罗尼米斯》等意大利宗教画作。

圣费尔南多皇家艺术学院

阿尔卡拉门~阿托查车站
Puerta de Alcalá~Estación Atocha

凝聚着意大利文艺巨匠心血的阿尔卡拉门是马德里最具代表性的观光景点之一。从这里到阿托查车站一直往南,有普拉多博物馆等大量文化设施、市民的休憩场所丽池公园(Parque del Retiro)等适合步行观光的处所。

阿尔卡拉门
Puerta de Alcalá

地图 p.35-H ＊

交 从地铁2号线Retiro车站出发,步行2分钟

从西贝莱斯广场可以看到的这座大门,

位于马德里市东边入口处的阿尔卡拉门

是为了管理马德里市的入口而建造的,直至19世纪末期都是马德里市东边的界线。

"建成罗马的凯旋门风格"——基于卡洛斯三世的这一愿意,意大利建筑家萨巴蒂尼设计了此门。这座凝聚了艺术巨匠心血的规模庞大的石门,建造过程中使用了御影石和科尔梅纳尔(Colmenar)产的白石。

大门共由5座小门组成,位于两侧的门的上方装饰精美,其余的3座为半圆形的拱门。这3座小门虽然高度相同,却由于墙上的装饰的作用,让人觉得中央部分略高。

周边是为了纪念西班牙独立战争(1808—1814年)胜利而得名的"独立广场"(Plaza de la independencia)。

丽池公园
Parque del Retiro

地图 p.37-G/H ✱

🚇 从地铁2号线Retiro车站出发,步行1分钟

这座占地面积广阔的公园,曾为费利佩二世在西班牙黄金时期建造的丽池行宫(别墅)。公园内的建筑在拿破仑战争时期遭到部分破坏(幸存的部分建筑如今用作普拉多博物馆的别馆)。

行宫建成之后供王宫贵族们作为夏季宫殿使用,从19世纪后期开始逐渐对外开放。带着家人到此游玩,表演哑剧的街头艺人们周日会在此表演才艺,热闹非凡。上午这里举行市民音乐队的演奏表演,夏季则会在外音乐堂举行古典音乐的小型演唱会。

公园北侧有户外音乐堂和供游客划船游玩的人工湖,阿方索十二世的骑马像静静地守望着在此嬉耍休憩的人们。小湖的四周有咖啡厅,南侧是玫瑰园(La Rosaleda),初夏时分花儿在这里争艳。

蒂森·博内米萨博物馆
Museo Thyssen-Bornemisza

地图 p.36-B ✱✱✱

🚇 从地铁2号线Banco de España车站出发,步行5分钟

€ 10欧元　🕐 10:00~19:00(12月24和31日为15:00)/周一、1月1日、5月1日、12月25日休息

☎ 902 760 511

博物馆以继英国女王伊丽莎白之后,个人收藏量居世界第二的蒂森·博内米萨男爵的收藏品为基础,于1992年对外开放。建筑物为18世纪末期的新古典样式(Neoclassical)的杰作,是西班牙具有代表性的建筑家拉斐尔以比亚埃尔莫萨宫殿(Villahermosa)为模板设计而成。

收藏作品是13~14世纪的意大利油画及现代油画,约800幅。从3楼至1楼,按照年代的前后顺序展示作品,观众能毫不费力地回望欧洲美术史。

3楼以意大利和佛兰德斯派的文艺复兴作品开始布展,杜乔(Duccio di Buoninsegna)的《基督与撒玛利亚人》、扬·凡·艾克(Jan van Eyck)

丽池公园——周日漫步休闲的绝佳场所

Sightseeing 观光

博内米萨男爵丰富的收藏珍品

的《受胎告知》等作品不容错过。

第5展览室之后的各展室中的肖像画的收藏很多。游客可在此欣赏到安托内罗·达·墨西拿（Antonello da Messina）的《男性的肖像》、卡尔帕乔（Carpaccio）的《骑士像》、汉斯·荷尔拜因（Hans Holbein）的《亨利八世》等作品。3层的后半部分为凡·戴克（Anthony van Dyck）、鲁本斯等17世纪佛兰德斯画派大师的作品。

2层从17世纪的荷兰油画开始，展示18世纪的英国、法国油画及19世纪的欧洲浪漫派作品。第32展览之后则向游客展示莫奈、雷诺阿、梵·高、亨利·德·图卢兹-洛特雷克（Henri de Toulouse-Lautrec）、保罗·塞尚（Paul Cézanne）等印象主义、后印象主义画派巨匠们的杰作。

1层以立体主义到流行艺术的藏品为主，以近现代作品的展示为中心。

毕加索的《小丑》和胡安·米罗的《卡特罗尼亚农夫的头像》等名作位于第45展览室。地下还设有咖啡厅，供游客们休息。

植物园
Real Jardín Botánico ✻

地图 p.36-F

交 从地铁1号线Atocha车站出发，步行5分钟
€ 3欧元
营 5～8月10:00～21:00，11月～次年2月10:00～18:00，3月和10月～19:00，4月和9月～20:00 / 12月25日、1月1日休息

普拉多博物馆南侧的穆里略广场

位于穆里略广场对面的植物园

（Plaza de Murillo）的对面就是植物园的入口处。植物园面积十分广阔。满眼绿色、空气清新的公园，与普拉多大道一样属于普拉多地区的文教设施群，是奉卡洛斯三世之命而建造的。

园内有呈圆形、四边形等几何形状的小山丘，根据植物种类的不同分区域种植了多种。例如，从最原始的物种开始，按照进化的进程进行排列，可见当时西班牙皇室对植物种植的极高重视程度。他们从世界各地收集各类植物，至今已经超过了3万种。

此外，位于植物园南侧的农林水产部旁边是莫亚诺坡（Cuesta de Moyano），此处古书店鳞次栉比，散步途中不妨驻足于此，享受文艺气息的熏陶。

国立索菲娅王妃艺术中心
Museo Nacional Centro de Arte Reina Sofía ✻✻✻

地图 p.36-J

交 从地铁1号线Atocha车站出发，步行3分钟
€ 8欧元（周一、周三～周六19:00～21:00，周日15:00～19:00免费）
营 10:00～21:00（周日～19:00）/ 周二、1月1日和6日，5月1日和15日，11月10日，12月24、25日和31日休息

建筑物本身历史悠久，最初是被评定为文化遗产的圣卡洛斯医院所在地。1980年开始改建，于1986年向游客开放。占地8万多平方米，正面入口处的镶嵌玻璃电

毕加索名画《格尔尼卡》

梯引人注目。

作品主要以现代美术馆所藏的美术品为基础,包括以西班牙近现代美术为主的1万多件作品。常规展区位于二层和四层,三层以及一层的一部分为规划展览区域。

二层展示有大量的立体主义、超现实主义、写实主义作品,多为展现从19世纪初期至20世纪70年代的西班牙美术发展历程的作品。除了毕加索、达利、米罗等名家作品之外,还有路易斯·布努埃尔(Luis Buñuel)、拉蒙·卡萨斯·嘉宝(Ramon Casas i Carbó)等人的作品。四层展示包括视频艺术在内的现代艺术品,以及给西班牙艺术带来重大影响的安东尼·塔皮埃斯(Antoni Tàpies)、路易斯·戈迪略、爱德华多·阿罗约的作品。

常规展中不容错过的作品当然是毕加索的名画《格尔尼卡》。在这部作品中,毕加索表达了对西班牙内战时期格尔尼卡所遭遇的狂轰滥炸的极端愤怒,作品给人一种强烈的冲击感。可以说这部作品是毕加索画作中最为著名的作品之一。

此外,附设的图书馆中藏有5万多件与现代美术相关的贵重资料。馆内有书店、音像制品店、餐厅等,全部欣赏完需要花费一定的时间。

皇家织毯厂博物馆
Real Fábrica de Tapices

地图 p.37-L

交 从地铁1号线Atocha车站出发,步行10分钟 € 4欧元(含导游) 营 10:00~14:00 / 周六、周日、节假日、8月休息 ☎ 91 434 05 50

1721年设立,西班牙皇家使用的织毯中大部分都来于此,为正统的名门工厂。因为戈雅所描绘的壁画背景而为人们所熟知。游客在这里不仅可以看到织毯礼品,而且还可以了解古代织毯生产流程。此外,销售处的织毯品为馈赠佳品。

可参观古代织毯生产流程

Sightseeing 观光

哥伦布广场-圣胡安十字广场
Plaza de Colón-San Juan de la Cruz

哥伦布广场周边是18世纪建造的文化科教地区。广场东侧有高级购物街——赛拉诺大街。

哥伦布广场/发现花园
Plaza de Colón/Jardines del Descubrimiento

地图 p.35-D ✱

🚇 从地铁4号线Colón车站或Serrano车站出发，步行1分钟

哥伦布广场位于卡斯蒂利亚大街与戈雅大街交汇处。广场中央矗立着白色的哥伦布纪念像。广场东侧的庭园有纪念哥伦布发现新大陆这一丰功伟绩的巨大石碑。庭园地下是市立文化中心，有展览室及剧场等设施。旁边是安东尼奥·高迪设计的哥伦布纪念像（Torres de Colón）。

哥伦布纪念像所在的哥伦布广场

国立考古学博物馆
Museo Arqueológico Nacional

地图 p.35-H ✱✱

🚇 从地铁4号线Serrano车站或Colón车站出发，步行5分钟

€ 3欧元 🕘 9:30~20:00、周日、节假日 9:30~15:00／周一休息 ☎ 91 577 79 12

规模庞大的考古学博物馆

博物馆按照考古学的基本轴线，将史前时代至现代西班牙的历史按照时间顺序进行展示，展示形式简洁，通俗易懂。

第1至第8展览室为史前时代。展示从人类的起源开始，至石器时代、青铜铁器时代的出土文物及美术品。

第19至第26展览室为古代伊比利亚半岛及其周边地区的出土文物展。在这里，游客可以更加直观地了解到古代伊比利亚半岛所受到的来自腓尼基、希腊、罗马及卡塔戈等地区的深刻影响。尤其是从被称为古代伊比利亚艺术的代表作的《埃尔切的妇女石像》中，可以发现卡塔戈对伊比利亚的强烈影响。

第27至第35展览室展示中世纪、文艺复兴时期的装饰品和美术品。在这里，绝对不容错过的是西哥特国王许愿冠和珍贵的象牙十字塔。不难发现，这个时期的艺术品虽然受到伊斯兰教文化的较大影响，但仍完成了自身艺术特色的发展，从而形成了西班牙艺术的原型。

第36展览室之后多为近代发展起来的瓷器以及玻璃装饰工艺品的展示。

浪漫派美术馆
Museo del Romanticismo

地图 p.35-C

交 从地铁4、5、10号线Alonso Martínez车站出发，步行5分钟
€ 3欧元　營 周二~周六9:30~20:30（11月~次年4月~18:30），周日、节假日10:00~15:00
☎ 91 448 10 45

美术馆以维加·克莱因公爵捐赠的收藏品为基础，于1924年开放。正如其名，馆内以戈雅等画家浪漫派作品为中心。展品中除了油画，还有内装家具、饰品等日用品的展示，处处散发着豪华的气息。

索罗利亚美术馆
Museo Sorolla

地图 p.33-D

交 从地铁5号线Rubén Darío车站出发，步行7分钟
€ 3欧元（周六14:00~20:00和周日免费）
營 9:30~20:00，周日、节假日10:00~15:00 / 1月1日，5月1日，12月24日、25日和31日休息
☎ 91 310 15 84

是力图真实展现光与空气交织带来的绝佳美感的外光派著名画家华金·索罗利亚的工作室兼宅邸。该建筑于索罗利亚夫妇逝世后捐赠给了国家，1932年作为美术馆对外开放。《阿维拉的人们》《塞哥维亚的人们》《巴伦西亚的渔夫》等索罗利亚的作品，生动地描绘了居住在西班牙这块土地上的人们的日常生活场景及美好的爱情故事。

索罗利亚的工作室

马德里旅游小贴士

行驶在马德里市内的双层观光巴士"Madrid Vision"经过马德里市内各大旅游景点，有两组路线①95分钟和②55分钟。

共设有50个专用巴士停车站，可从任一车站乘车。将自己上车的车站当作旅游起点，再当作终点下车，这样便可环游一周。观光巴士的运营时间为：11月~次年2月10:00~18:00，3月~10月9:00~22:00。在各专用巴士车站11月~次年2月每隔十四五分钟、3月~10月每隔八九分钟便会有一班车。车票当日有效，大人票价为21欧元，小孩及65岁以上老人为10欧元（2日券分别为25欧元和13欧元）。由于车票在1天之内都有效，如果有时间可乘坐完两条路线。在哥伦布广场、普拉多博物馆、阿尔卡拉门、西贝莱斯广场（Plaza de Cibeles）这四个巴士车站可以同时乘坐两条旅游线路。可在上车后购票。观光巴士除1月1日、9月19日这两天外一直运营。

Sightseeing 观光

"田园之家"周边
Casa de Campo

"田园之家"为东西宽约5千米、南北走向约7千米的面积极其广阔的城市公园。这里不仅有纯天然的绿色环境，还有动物园和游乐场，是深受马德里市民喜爱的休憩场所。

田园之家
Casa de Campo

地图 p.33-C ✱

🚇 从地铁10号线Lago车站出发，步行1分钟；前往动物园、游乐园从地铁10号线Bat车站下车；观光缆车运营时间随季节和客流量会有所变化。最新信息请到www.teleferico.com进行确认（有英文） €单程4欧元、往返5.8欧元 ⏰6:00~24:30 / 全年无休

"Casa de Campo"在西班牙语中是"田园之家"的意思，这座公园是一片占地面积达5000多平方米的广阔区域。起初是费利佩二世迁都至马德里之后买来用来狩猎的，在没有受到任何人为破坏的丘陵地带，至今仍繁育着多种原生当

马德里市民的休憩场所——田园之家

地植被。园内包括饲养着小熊猫的动物园（Zoológico）、游乐园（Parque de Atracciones）、可划船游览的人工湖、多用途大厅、户外剧场及咖啡厅等多种设施。

佛罗里达圣安东尼皇家教堂
Ermita de San Antonio de la Florida

地图 p.33-C ✱✱

🚇 从地铁6、10号线Príncipe Pío车站出发，步行10分钟
€ 免费
⏰ 9:30~20:00 / 周一、1月1日、5月1日、12月25日休息 ☎ 91 542 07 22

从皮奥王子车站出来，沿曼萨纳雷斯河方向，顺着佛罗里达大街向西北方向一直走，出现在眼前的就是佛罗里达圣安东尼皇家教堂。1792年卡洛斯四世为纪念圣安东尼而建造了此教堂。背对着曼萨纳雷斯山的右侧方向有"戈雅墓园"。这个墓园埋葬着被盗走头颅的戈雅的遗体。

圣堂中有戈雅所作的天井画《圣安东尼的奇迹》，此画的寓意为圣安东尼的父亲在受到杀人罪指控之时，圣安东尼通过与已经逝去的人之间的交流而证明了父亲的无罪。这幅天井画的人物服饰反映出18世纪马德里的当地风俗，是戈雅所作的众多宗教画作中最为著名的一部作品。

此外，每年6月13日的圣安东尼节日到来之时，为祈求爱情美满的女孩子们会来此许愿，用传统的女缝工的针来预测自己的爱情命运。

佛罗里达圣安东尼皇家教堂

Eating 美食　　　　　　　　　　　　　　　　　　　马德里

烤乳猪（马约尔广场周边）
波汀
Botin
地图 p.34-J　　　　　　　　　　英菜 英

交 从地铁1、2、3号线Sol车站出发，步行7分钟
✉ Cuchilleros,17　☎ 91 366 42 17
营 13:00~16:00、20:00~24:00　休 全年无休
€ €40~50　HP www.botin.es/（有英语）

海明威热爱的餐厅
　　该店自1725年开业以来，历经300多年历史，曾经是海明威经常光顾的地方，为马德里著名的代表性

老字号店铺。该店的招牌菜还得数烤乳猪（Cochinillo Asado）。该店制作这道菜选用的是出生仅21天、除母乳外尚未吃过其他食物的小乳猪。一咬即碎的脆嫩口感与扑鼻的香味，加上浓香醇厚的肉汁，让人不禁垂涎三尺。店内备有外文菜单，如果白天来此用餐可以不必事先预约。如果是晚上来，则提前一天预约比较保险。

马德里料理（马约尔广场周边）
维拉餐厅
Posada De La Villa
地图 p.34-J　　　　　　　　　　　　　英

交 从地铁5号线La Latina车站出发，步行5分钟
✉ Cava Baja,9　☎ 91 366 18 60　营 13:00~16:00、20:00~24:00（周日13:00~傍晚）　休 周日晚上、8月份
€ €45~　HP www.posadadelavilla.es/

精湛技艺的烤全羊
　　这是一家改建自1642年的老酒店餐厅，散发着古色古香的气息，用餐环境十分舒适。二层餐

厅的大暖炉上并排摆放着许多砂锅，正做着味道鲜美的炖肉。

卡斯蒂利亚（王宫周边）
拉·波拉
La Bola
地图 p.34-E

交 从地铁2、5、R号线Opera车站出发，步行5分钟　✉ Bola,5　☎ 91 547 69 30　营 13:00~16:00、20:30~23:00　休 周日晚上、12月24日　€ €30~　HP www.labola.es/

正宗的马德里烩肉老店

　　这里是自1870年起就以制作马德里的乡土菜肴"马德里烩肉"而著名的名牌老字号店铺。无论早晚，这里都高朋满座，卡斯蒂里亚地方菜肴十分丰富。

安达卢西亚料理（赛拉诺大街周边）
吉拉尔达4号
Giralda IV
地图 p.33-D　　　　　　　　　　　　英

交 从地铁2号线Retiro车站出发，步行5分钟
☎ 91 576 40 69　营 11:00~24:00　休 周日晚上
€ €70~80　HP www.restauranteslagiralda.com/

酷似安达卢西亚餐厅
　　西班牙南部的安达卢西亚菜为本店的招牌菜。推荐菜肴为安达卢西亚凉汤（9.8欧元）、蛤仔煮饭（1人份18欧元）等。

由于该店人气很高，必须事先预约。

地中海料理（西伯利亚广场）
巴萨尔
Bazaar
地图 p.35-G　　　　　　　　　　　　英

交 从地铁5号线Chueca车站出发，步行2分钟　✉ Libertad,21　☎ 91 523 39 05
营 13:15~16:00、20:30~23:30（周四~周六营业至24:00）　休 1月1日、12月24日、25日、31日晚　€ €16~

现代感十足的豪华餐厅
　　本店提供的地中海菜肴中加入了亚洲风味因素，大受马德里人的热爱。

在小酒馆里度过更加美妙的夜晚

从太阳门地铁站出发步行5分钟,横穿过马约尔广场,沿着圣米格尔小道往下,道路两侧是有着500年悠久历史的古建筑,位于这些建筑物一层的9间小酒馆就构成了"MESÓN"这个奇妙的区域。白天这里适合散步,可一到晚上7点钟这里就会变得活力四射、热闹非凡。各家酒吧都会传出来吉他、风琴声,还有马德里人爽朗的笑声。整条街道被一股温柔的暖流包围。就让我们一起在"MESÓN"度过马德里洒脱、浪漫的夜晚吧!

今朝有酒今朝醉——沉醉在美丽的西班牙之夜
波希米亚小酒馆
Bodega Bohemia

- Cava de San Miguel,7
- 91 559 50 30
- 19:00〜次日2:00(周五、周六〜次日2:30)
- 全年无休 地图:p.38-E

"Bodega"在西班牙语中是"酒窖"之意。置于入口处的菜单上有马德里风味炖牛肚、炸土豆、私家特制炸肉饼等当地特色菜,价格都在6.50欧元左右,菜美价廉。

圣米格尔广场
Mercado de San Miguel

阿根廷烤肉和各类下酒菜齐备
林孔阿提
Rincón de Ati

- Cava de San Miguel,4
- 91 755 67 95 12:30〜24:00
- 全年无休 地图:p38-E

炭火烤成的沙朗牛排20.50欧元。肋眼牛排19.5欧元。海鲜饭、馅饼、生火腿、蒜蓉明虾等应有尽有。

外国游客聚集于此,小菜价格6欧元起,物美价廉
卡尔纳
Mesón Don Carnal

- Cava de San Miguel,6
- 91 366 10 14
- 12:00〜24:00
- 全年无休
- 地图:p38-E

推荐菜:炖牛尾12欧元、大蒜炒小虾10欧元等。菜单上还有烤肉饼、沙拉、海鲜饭等搭配着红酒的套餐(双人套餐价格为36欧元)供顾客选择,游客在这里也能轻松地吃到地道的西班牙菜肴。

在位于地下的石造建筑中享用美酒佳肴
拉斯莫拉
Mesón La Mazmorra

- Cava de San Miguel,6 地图:p38-E
- 617 990 229 19:00〜次日1:00(周五、周六至次日2:00) 周一

从入口处往里走,就好像进入地牢(Mazmorra)一般,但对好酒者来说,这里却是个难得的清净之地。黑猪肉生火腿价格为15欧元。

马德里

微醉晕眩倾听现场吉他即兴演奏

吉他酒馆
Mesón De La Guitarra

- Cava de San Miguel,13
- 91 559 95 31　营 19:00～次日2:00
- 休 全年无休　地图：p.38-E

每天晚上一到9点店内就开始吉他的现场演奏，应顾客要求有时也会弹奏弗拉门戈的乐曲。小费给1欧元即可。

以沙丁鱼为肴干一杯

沙丁鱼酒馆
Mesón Del Boquerón

- Cava de San Miguel,13
- 91 548 26 16　营 13:00～17:00、19:00～次日2:00　休 周二　地图：p38-E

正如店名（Boquerones）一般，本店以一盘价格为9.5欧元的"醋味鳀鱼"（Boquerones）为招牌菜。店面虽小，但在此喝上一杯却心情畅快。西班牙像这种规模的酒吧十分少，并且店内有会说英语的服务员，很方便。

马约尔广场
Plaza Major

Calle Cava San Miguel

40年职业生涯演奏家

玉米饼酒馆
El Mesón De La Tortilla

- Cava de San Miguel,15
- 91 547 10 08　营 19:30～次日1:30
- 休 全年无休　地图：p38-E

这是一家专门制作玉米饼的酒店，每盘价格为5.20欧元，加入香肠和洋葱的价格为6.20欧元左右。

在地下酒窖中安享时光

酒窖深处
Mesón Rincón De La Cava

- Cava de San Miguel,17
- 91 366 58 30　营 13:20～次日2:00
- 休 全年无休　地图：p38-E

店内空间广阔，进去宛如走进了地下酒窖，给人一种不可思议的安全感。若想吃点东西，推荐菜为15欧元的橄榄油煎大虾（Gambas al ajillo）。

有传统风琴演奏，第二代传人如今仍健在

蘑菇酒馆
Mesón Del Champiñón

- Cava de San Miguel,17　　91 559 67 90
- 营 18:00～次日1:00（周五、周六、周日12:30～次日1:30）　休 全年无休　地图：p38-E

一家以蘑菇铁板烧为特色的餐厅。杂烩面（吧台5.40欧元，餐桌6.20欧元）不仅味道香美，分量也足。店内不时传出爽朗的笑声和鼓掌声，充满了西班牙的酒吧氛围。

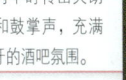 

Eating 美食

待用餐的人络绎不绝。不接受预约，直接前往即可。平时的午餐套餐价格为9.95欧元。

巴西美食（王宫周边）

桑托
Santo

地图 p.34-F p.38-A

交 从地铁2/5/R号线Opera车站出发，步行1分钟　Cañosde Peral,9　91 542 00 50　营 13:00～16:00、20:00～24:00　休 周一、8月第二周　€ €35～

可品尝到正宗的巴西味道

这家店的主厨是一位巴西女性，美食做得精致可口。以巴西烤肉为代表的荤菜19.5欧元起。在此还可品尝到巴西鸡尾酒、凯匹林纳鸡尾酒。店里自制蛋糕7欧元起。

海鲜饭（普拉多美术馆周边）

埃尔·卡尔德罗
El Caldero

地图 p.35-K

交 从地铁1号线Anton Mart车站出发，步行7分钟　Huertas,15　91 429 50 44　营 13:30～16:00、21:00～23:30　休 周日、周一　€ €35～　HP www.elcaldero.com/

海鲜饭种类丰富的穆尔西亚（Murcia）餐厅

店内海鲜饭有10多种。餐厅氛围轻松，适合情侣前往用餐。周五、周六的晚上需要事先预约。推荐料理为精选鱼汤进行烹饪的鲜虾饭、鸡肉类海鲜饭等。

加利西亚料理（马约尔广场周边）

加利西亚之家
Casa Gallega

地图 p.34-J

交 从地铁2/5/R号线Opera车站出发，步行3分钟　Bordadores,11　91 541 90 55　营 12:00～24:00　休 12月24日晚上、12月31日晚上　€ €34～

加利西亚菜肴的老字号店铺

1915年开业，是传统的加利西亚餐厅。推荐菜肴为加利西亚风味章鱼（18.5欧元）、墨西哥式酥皮饺子（Empanada，以鱼、肉等为食材制成的面包12欧元）等。晚上可在此享用34欧元的套餐。

阿斯图里亚斯料理（赛拉诺大街周边）

奥尔巴尤
Orbayo

地图 p.37-C

交 从地铁2号线Retiro车站出发，步行3分钟　Claudio Coello,4　91 576 41 86　营 13:00～16:00、21:00～24:00　周日 13:00～16:00　休 周日晚上　€ €35～

铁网烤肉的专门餐厅

这家店选用阿斯图里亚斯地区的高级牛肉，是使用铁网烧烤方式的名店。此外还提供炖肉（Fabada）（以白豆为食材）等西班牙北部地区的乡土菜肴。餐厅给人一种宁静之感。

太阳门广场周边

高乔人
El Gaucho

地图 p.36-A

交 从地铁1/2/3号线Sol车站出发，步行3分钟　91 522 47 93　营 13:00～23:30　休 全年无休　€ €30～

肉类菜肴餐厅

因香肠"Chorizo""猪血香肠"（Morcilla）而闻名的餐厅。从阿根廷直接进口的牛排为推荐菜肴之一，牛排经店员们的细心烤制，十分美味。

秘鲁料理（太阳门广场周边）
印加金币
El Inti De Oro

地图 p.35-K

🚇 从地铁2号线Sevilla车站出发，步行4分钟
📍 Ven-tura de la Vega,12　☎ 91 429 67 03
🕐 13:30~16:00、21:00~24:00　休 全年无休　€ €22~

位于酒吧街的秘鲁餐厅

　　是西班牙国内难得一见的秘鲁餐厅。来这里一定要尝尝餐前的葡萄蒸馏酒"Pisco Sour"。无论哪种菜肴都很适合亚洲人口味，尤其是大豆煎蛋卷、米饭和里脊肉（13.5欧元）最为美味。

斗牛餐厅（太阳门广场周边）
拉·塔丽娜
La Taurina

地图 p.35-K

🚇 从地铁1/2/3号线Sol车站出发，步行3分钟
📍 Carrera de San Jeronimo,5　☎ 91 531 39 69
🕐 10:00~次日1:00　休 全年无休　€ €8.50~

斗牛爱好者的天堂

店内装饰着公牛的牛皮，斗牛的海报琳琅满目。模仿斗牛士穿着的服务生中，居然有人真的当过花镖手。平时的中午套餐价格为11欧元。

时尚酒吧（普拉多美术馆周边）
六酷
Vi Cool

地图 p.35-K　英 👤

🚇 从地铁1号线Anton Martin车站出发，步行3分钟
📍 Huertas,12　☎ 91 429 49 13　🕐 13:00~16:00、20:00~24:00　休 周一　€ €17~

在炫酷的店内品尝比萨和汉堡

出身于传说中的餐厅——"厄尔尼诺布利"的主厨Serujiarora亲自掌勺制作的快餐。虽是快餐店，但是味道依然考究地道。平日午餐套餐从12.9欧元起。

西班牙料理（普拉多美术馆周边）
拉·萨娜布莱萨
La Sanabresa

地图 p.35-K

🚇 从地铁1号线Anton Martin车站出发，步行3分钟
📍 Amor de Dios,12　☎ 91 429 03 38
🕐 13:00~16:30、20:30~23:30　休 周日・8月

美味的平民餐厅

　　这家餐厅是40年来一直深受当地人们喜爱的平民餐厅。来这里的游客较少，餐厅的菜肴味道鲜美、价格适中。推荐菜肴为烧茄子（Berenjenas Rebozadas）（4欧元）。

地中海料理（格兰维亚地区）
公共餐厅
Public

地图 p.34-F　英 👤

🚇 从地铁3/5号线卡里奥[callao]车站出发，步行2分钟
📍 De-sengano,11　☎ 662 200 261　🕐 13:15~16:00、20:30~23:30（周四、周五20:15~23:45，周六~24:00）　休 12月24日晚、12月25日、12月31日晚、1月1日　€ 白天€10.35~、晚上€20~

物美价廉的地中海风味

　　用餐氛围良好，菜肴美味，菜量充足，价格适中。店内总是满客。平时的午餐套餐价格为10.35欧元。该店不接受预约，在营业时间内直接进店用餐即可。

火腿（马约尔广场周边）
火腿博物馆
Museo Del Jamon

地图 p.34-J

🚇 从地铁1/2/3号线Sol车站出发，步行2分钟
📍 Mayor,7　☎ 91 531 45 50　🕐 7:00~24:00（沙龙13:30~23:30）　休 全年无休　€ €8.10~（2层套餐）

Shopping 购物

生火腿为镇店之宝

可在一层的酒吧轻松休憩。如果想好好享用一顿大餐,不妨移步前往二层的沙龙。晚上也可以订餐,有套餐以及拼盘供顾客选用。一层的费用与二层不同。

海鲜饭(阿托查车站周边)

阿托查之门
Puerta de Atocha

地图 p.36-J

交 从地铁1号线Atocha车站出发,步行3分钟
✉ Tortosa,10(esq. Méndez Alvaro)
☎ 91 467 37 50 营 10:00~24:00 休 1月1日、12月25日 € €25~

海鲜饭种类很多

这家店海鲜饭的种类非常多。18种海鲜饭里除了Cardosso、Allos Abanda两种外,其余种类都可以单点1人份。推荐章鱼海鲜饭,17.5欧元。

酒吧(赛拉诺大道周边)

戈雅的角落
El Rincon De Goya

地图 p.33-D

交 从地铁4号线Serrano车站出发,步行3分钟
✉ Lagasca,46 ☎ 91 576 38 89 营 周一~周四8:30~24:00,周五、周六8:30~次日1:00,周日、节假日12:00~16:00 休 全年无休

典型的西班牙式小酒馆

餐厅镶有瓷砖。小菜不仅味道极好且价格低廉。无论什么时候都坐满了西班牙当地人。推荐料理有西班牙风味鸡蛋卷等,价格为2.30欧元。

皮革制品・时尚(赛拉诺大道周边)

罗意威
Loewe

地图 p.33-D

交 从地铁4号线Serrano车站出发,步行2分钟
✉ Serrano,34 ☎ 91 426 35 88 营 10:00~20:30 休 周日、节假日(每月仅第一个周日11:00~20:00) HP www.loewe.com/

商品种类齐全,是王室贵族的御用皮革品牌

本店出售休闲装、正装以及皮革制品等商品,销售范围十分广泛。附近还有一家女性专用服装商店(Serrano,26)。

时尚(格兰维亚大道周边)

飒拉
Zara

地图 p.34-F

交 从地铁1/5号线Gran Via车站出发,步行3分钟
✉ Gran Via,34 ☎ 91 521 12 83 营 10:00~20:30 休 周日、节假日

经济实惠,深受年轻人喜爱

西班牙国内有100多家分店,是广受好评的时尚潮流品牌。与优良的品质相比,更让人惊讶的是其合理的价格。衬衫和短裤仅需25欧元左右。

日用品・礼物(马约尔广场周边)

埃尔・阿尔克
El Arco

地图 p.34-J

交 从地铁1、2、3号线Sol车站出发,步行7分钟 ✉ Plaza Mayor,9 ☎ 91 365 26 80 休 无休

可作为旅游纪念品的独具特色的各种商品

位于马约尔广场正对面的工艺品商店。店内出售纸板制作而成的造型独特的

人偶、西班牙新秀陶艺家们的作品,以及极富现代设计感的饰品等。平均价格在15~45欧元。

商店(太阳门广场)
英国宫百货商店
El Corte Inglés

地图 p.34-J

交 在地铁1、2、3号线Sol车站前 Preciados,3 ☎ 91 379 80 00
营 10:00~22:00 休 1月1日・6日、5月1日、12月25日 HP www.elcorteingles.es/

西班牙最具代表性的连锁百货商场

商场出售日用品、服装、食品、文具、纪念品等范围广泛的商品。位于太阳门广场的分店还在地下设有邮局。此外,太阳门地铁站前还有该百货旗下的图书、CD分店。

购物中心(格兰维亚周边)
费恩卡拉尔市场
Mercado De Fuencarral

地图 p.35-G

交 从地铁1、10号线Tribunal车站出发,步行3分钟 Fuencarral,45 ☎ 91 521 41 52
营 11:00~21:00 休 周日、节假日 HP www.mdf.es

讨人喜欢的各式店铺鳞次栉比的购物中心

地上二层与地下一层主要是以年轻人为主要客群的二手服饰、饰品及杂货店,有50家左右。喜欢时尚穿着和装扮的人不妨到此看看。

弗拉门戈(马约尔广场周边)
D 佩尔蒂斯
D'Pertinez

地图 p.34-J

交 从地铁1、2、3号线Sol车站出发,步行5分钟 Calle Esparteros,12 ☎ 91 521 03 31
营 10:00~13:30、17:00~20:30(周六为10:00~13:30、17:00~20:00) 休 周日、节假日
HP www.pertinez.com

弗拉门戈用品店 货品价格适中

经营范围包括服饰、鞋、小附件、披风、扇子等,是弗拉门戈用品专卖商店。弗拉门戈服饰168欧元起,练习用的裙子30欧元起,响板6.95欧元左右。

 小知识

马德里的跳蚤市场
埃尔拉斯特洛跳蚤市场探宝

迎着周日的晨光,让我们一起出发前往马德里的地方集市——埃尔拉斯特洛跳蚤市场探宝吧。市场有500年左右的悠久历史。从马约尔广场步行10分钟,以地铁Latina车站附近的Ribera de Curtidores大街为中心,向左右两侧延伸出的小巷便是跳蚤市场了。地摊上摆有西班牙著名的皮革制品、瓷器、足球用品及日用品,这其中那些从未见过的令人不禁想伸头探望的各种地方特色物品,有时说不定还能见到古色古香的出土文物。跳蚤市场从早上7点钟便早早开始了,而真正迎来高峰却是在下午的1点钟左右。如果您想边逛边看,那么上午9~10点是较为合适的时间。不过,无论哪个时间段小偷都比较多,还请多多注意。

马德里的高档商圈

马德里的购物区大致上可分为齐聚多家高档品牌的优质购物街赛拉诺大街,以及西班牙的著名街道格兰维亚大街到太阳门广场之间的老城区这两个区域。不同于格兰维亚大街的热闹非凡,可以从容优雅购物的赛拉诺大街被称为是"马德里王府井"。从地铁4号线的赛拉诺站或是5号线的诺尔斯·巴尔博尔车站下车即达,很多高档餐厅也位于此地。

特制巧克力　香味四溢的巧克力专营店
桑塔
Santa

🚇 从地铁4号线Serrano车站出发,步行7分钟　✉ Serrano,56　☎ 91 576 86 46　🕐 10:00~14:00、17:00~20:30　休 周日、节假日,7、8月的周六下午

精心布置的店铺摆满了略带苦味的特制巧克力,十分受欢迎。圣诞节期间,店内还会出售杏仁糖糕等西班牙特色小点心。一盒混合包装的点心1公斤60欧元起价。

深受年轻人喜爱　传达光鲜、亮丽的鞋文化
看步
Camper

🚇 从地铁4号线Serrano车站出发,步行5分钟　✉ Ayala,13　☎ 91 431 43 45　🕐 10:00~20:30　休 周日、节假日

西班牙的"看步"鞋,拥有左右非对称的独特设计与多彩的配色,深受年轻人喜爱。价格为85~140欧元。

设计时尚、价格合理的ZARA家居用品及室内装饰品店
飒拉居家用品
Zara Home

🚇 从地铁4号线Serrano车站出发,步行1分钟　✉ Hermosilla,16　☎ 91 577 64 45　🕐 10:00~21:30(周六、周日12:00~20:00)　休 1月1日、6日、5月1日、12月25日

Zara Home是ZARA旗下的家居用品及室内装饰品店,很受欢迎。主营床上用品、个人护理品、厨房用具等多种商品。

打发休闲的下午茶时间　马德里有名的甜点专门店
马约尔卡
Mallorca

🚇 从地铁2号线Retiro车站出发,步行5分钟　✉ Serrano,6　☎ 91 577 18 59　🕐 9:00~21:00　休 无休　地图:p37-C

这家店不仅出售美味可口、种类丰富的各式甜点,而且还堪称下午茶"俱乐部"。除了圆形甜面包"Tortel"(1.65欧元左右),该店还出售西班牙特色的各式甜点。

哥伦布车站 COLON
哥伦布广场
哥伦布像

赛拉诺车站 SERRAN
洛贝儿(男装)
普拉达
伊布·桑罗拉
国立国会图书馆
哈尔丁·赛拉诺
国立考古学博物馆 p.52
洛贝儿(女装)
约尔金·贝拉
看步
希坦洛(安达卢西亚料理)
慕思歌
阿尔卡尔德(西班牙料理、酒吧)
奥多尔夫·多明戈斯
MASSCOB
鲍克斯牛皮

鬼步
梅迪特拉内奥(海鲜饭)

去往阿尔卡拉门方向

有历史性建筑的外观，商品种类丰富

ABC 赛诺拉
ABC Serrano

🚇 从地铁5、9号线诺尔斯·巴尔博尔（Nunes de Balboa）车站出发，步行5分钟　✉ Serrano,61　☎ 91 577 50 31
🕙 10:00~21:00　休 周日、节假日

店铺本身为19世纪的砖造建筑物，外观十分漂亮，是马德里市内十分著名的购物中心。商品包括衣料制品、家具、内装用品等，种类十分丰富。购物中心还设有蛋糕店、咖啡厅等。

NUÑEZ DE BALBOA

品位高雅、做工精致的男士服装精品店

奥多尔夫·多明戈斯
Adolfo Domínguez

🚇 从地铁5号线Núñez de Balboa 车站出发，步行5分钟　✉ Serrano,5　☎ 91 436 26 06　🕙 10:00~20:30　休 周日、节假日

本店以男装为主打商品，同时也出售部分女装。所售的男装以西服及优质典雅的服饰为主。适合20岁至30岁的商务男士的领带（40欧元左右）款式齐全。

卡斯蒂利亚大街 Paseo de la Castellana

商西中尔兹大道 Calle de José Ortega y Gasset

塞拉诺大街 C. de Serrano

古驰
卡鲁蒂尔
库斯特
路易·威登
埃尔梅斯
香奈儿
乔治·阿玛尼

阿亚拉大街 Calle de Ayala

陶拉伊（海鲜）
玛斯·玛拉
曼歌
里肯·戈雅（酒吧）

享誉全球的雅致瓷器直营店

雅致瓷偶
Lladró

🚇 从地铁4号线Serrano车站出发，步行7分钟　✉ Serrano,68　☎ 91 435 51 12
🕙 10:00~20:00　休 周日、节假日

是西班牙陶瓷人偶的最佳典范。身材苗条的人偶，连手指的造型都极其精美纤细，奇妙的颜色搭配加之栩栩如生的表情，实属珍品。天使人偶75欧元起。

纯天然面料，质地柔软，设计极具人气

布朗尼
Brownie

🚇 从地铁4号线Serrano车站出发，步行5分钟　✉ Laga-sca,72　☎ 91 435 44 98　🕙 10:00~20:30
休 周日、节假日，12月25日、1月1日与6日，8月的第二、三周，至周期间的周四、周五

是源自巴塞罗那的服饰品牌。基础款设计加之柔和的色调搭配，在当地人中极具人气。采用棉、麻、开司米等天然面料，穿着舒适。衬衫29欧元起。

加利西亚原生的淑女品牌

Mala Baba
Mala Baba

🚇 从地铁4号线Serrano车站出发，步行4分钟　✉ Callejón de Puigcerdá,2　☎ 91 435 85 96
🕙 10:30~20:30　休 周日、节假日

选用优等天然材质、在西班牙国内剪裁加工而成的高档衬衫150欧元左右，听起来稍许昂贵。但是一定能选到让您满意的衬衫。

Stay 住宿

太阳门广场周边

城市酒店
URBAN

地图 p.35-K　★★★★★

- 交 从地铁2号线Sevilla车站出发,步行4分钟
- Carrera de San Jerónimo,34
- ☎ 91 787 77 70　FAX 91 787 77 99
- € S€189.20~、T€189.20~　室 102
- HP www.hotelurban.com/

胜利女王酒店
REINA VICTORIA

地图 p.35-K　★★★★

- 交 从地铁1、2、3号线Sol车站出发,步行5分钟
- Plaza de Santa Ana,14
- ☎ 91 701 60 00　FAX 91 522 03 07
- € S€185.01~、T€185.01~　室 169
- HP www.melia.com/

里阿本酒店
LIABENY

地图 p.38-B　★★★★

- 交 从地铁1、2、3号线Sol车站出发,步行5分钟
- Salud,3
- ☎ 91 531 90 00　FAX 91 532 74 21
- € S€88~、T€110~　室 220
- HP www.liabeny.es/

佩蒂特宫马约尔广场酒店
PETIT PALACE MAYOR

地图 p.34-J　★★★★

- 交 从地铁2、5、R号线Opera车站出发,步行2分钟
- Mayor,46
- ☎ 91 542 69 99　FAX 91 542 67 12
- € S€94.05~、T€94.05~　室 64
- HP www.hthotels.com/

皇后酒店
REGINA

地图 p.35-G　★★★

- 交 从地铁2号线Sevilla车站出发,步行1分钟
- Calle Alcalá,19
- ☎ 91 521 47 25　FAX 91 521 47 25
- € S€52~、T€60~　室 180
- HP www.hotelreginamadrid.com/

佩蒂特宫伦敦酒店
PETIT PALACE LONDRES

地图 p.34-F　★★★

- 交 从地铁1、2、3号线Sol车站出发,步行3分钟
- Galdo,2
- ☎ 91 531 41 05　FAX 91 531 41 01
- € S€65~、T€65~　室 76
- HP www.petitpalacelondresmadrid.com/

阿雷索旅馆
ARESOL

地图 p.38-F　★★★

- 交 从地铁1、2、3号线Sol车站出发,步行3分钟
- Arenal,6
- ☎ 91 521 58 67　FAX 91 521 58 67
- € S€35.05~、T€44.41~　室 11
- HP www.hostalaresol.com/

太阳中心酒店
CENTRO SOL

地图 p.35-K　★★

- 交 从地铁1、2、3号线Sol车站出发,步行1分钟
- Carrera de San Jerónimo,5 -2° y4°
- ☎ 91 522 15 82　FAX 91 522 57 78
- € S€36.37~、T€45.45~　室 35
- HP www.hostalcentrosol.com/

埃斯梅拉达酒店
ESMERALDA

地图 p.35-K　★★

- 交 从地铁1、2、3号线Sol车站出发,步行3分钟
- Calle de la Victoria,1.2° piso
- ☎ 91 521 00 77　FAX 91 522 92 90
- € S€33~、T€44~　室 19
- HP www.hresmeralda.net

阿吉拉尔酒店
AGUILAR

地图 p.35-K　★★

- 交 从地铁2号线Sevilla车站出发,步行5分钟
- Carrera de San Jerónimo,32-2° piso
- ☎ 91 429 36 61　FAX 91 429 26 61
- € S€38~、T€55~　室 30
- HP www.hostalaguilar.com/

阿斯托利亚酒店
ASTORIA

地图 p.35-K　★★

- 交 从地铁1、2、3号线Sol车站出发,步行3分钟
- Carrera de San Jerónimo, 30 y 32-5°
- ☎ 91 429 11 88　FAX 91 429 20 23
- € S€36~、T€46~　室 26
- HP www.hostal-astoria.com/

弗朗西斯科酒店
FRANCISCO I

地图 p.34-J　★★

- 交 从地铁2、5、R号线Opera车站出发,步行3分钟
- Arenal,15
- ☎ 91 548 02 04　FAX 91 542 28 99
- € S€65~、T€75~　室 66
- HP www.hotelfrancisco.com/

马德里

格兰维亚周边

佩蒂特宫酒店
PETIT PALACE DUCAL

地图 p.35-G ★★★★

- 交 从地铁1、5号线Gran vía车站出发,步行1分钟
- Hortaleza,3(Esquina con Gran vía,26)
- ☎ 91 521 10 43　FAX 91 521 50 64
- € S€62.10~、T€62.10~　室 58
- HP www.hotelpetitpalaceducalchueca.com/

提普大使酒店
TRYP AMBASSADOR

地图 p.34-F ★★★★

- 交 从地铁2号线Santo Domingo车站出发,步行3分钟
- Cuesta de Santo Domingo,5
- ☎ 91 541 67 00　FAX 91 559 10 40
- € S€129~、T€129~　室 182
- HP www.tryphotels.com/

皇家酒店
EMPERADOR

地图 p.34-F ★★★★

- 交 从地铁2号线Santo Domingo车站出发,步行4分钟
- Gran Via,53
- ☎ 91 547 28 00　FAX 91 547 28 17
- € S€76.50~、T€85.50~　室 232
- HP www.emperadorhotel.com/

大西洋酒店
ÁTLANTICO

地图 p.34-F ★★★

- 交 从地铁3、5号线Callao车站出发,步行2分钟
- Gran Via,38
- ☎ 91 522 64 80　FAX 91 531 02 10
- € S€151.05~、T€189.05~　室 80
- HP www.hotelatlantico.es/

丽晶酒店
REGENTE

地图 p.34-F ★★★

- 交 从地铁3、5号线Callao车站出发,步行2分钟
- Mesonero Romanos,9
- ☎ 91 521 29 41　FAX 91 532 30 14
- € S€70~、T€75~　室 153
- HP www.hotelregente.com/

伊斯帕霍特尔格兰维亚酒店
ESPAHOTEL GRAN VIA

地图 p.34-F ★★★

- 交 从地铁3、10号线Plaza de España车站出发,步行2分钟
- Gran Via,65
- ☎ 91 541 31 70　FAX 91 541 73 28
- € S€78.32~、T€78.32~　室 342
- HP www.apartamentos-granvia.com/

普拉多、阿托查车站附近

丽池酒店
RITZ

地图 p.35-L ★★★★★

- 交 从地铁2号线Banco de España车站出发,步行10分钟
- Plaza de la Lealtad,5
- ☎ 91 701 67 67　FAX 91 701 67 76
- € S€327.27~、T€327.27~　室 167
- HP www.ritz.es/

威斯汀皇宫酒店
WESTIN PALACE

地图 p.35-L ★★★★★

- 交 从地铁2号线Banco de España车站出发,步行7分钟
- Plaza de las Cortes,7
- ☎ 91 360 80 00　FAX 91 360 81 00
- € S€175~、T€175~　室 467
- HP www.westinpalacemadrid.com/

维拉·利尔酒店
VILLA REAL

地图 p.35-K ★★★★★

- 交 从地铁2号线Sevilla车站出发,步行7分钟
- Plaza de las Cortes,10
- ☎ 91 420 37 67　FAX 91 420 25 47
- € S€132~、T€132~　室 115
- HP www.hotelvillareal.com/

苏尔
SUR

地图 p.37-K ★★★

- 交 从地铁1号线Atocha车站出发,步行3分钟
- Paseo Infanta Isabel,9
- ☎ 91 539 94 00　FAX 91 467 09 96
- € S€81~、T€94.5~　室 68
- HP www.nh-hotels.com/

莫拉酒店
MORA

地图 p.36-J ★★

- 交 从地铁1号线Atocha车站出发,步行5分钟
- Paseo del Prado,32
- ☎ 91 420 15 69　FAX 91 420 05 64
- € S€69~、T€75~　室 62
- HP www.hotelmora.com/

巴雷拉酒店
BARRERA

地图 p.36-J ★★

- 交 从地铁1号线Atocha车站出发,步行5分钟
- Atocha,96,2°
- ☎ 91 527 53 81　FAX 91 527 39 50
- € S€48~、T€65~　室 14
- HP www.hostalbarrera.com/

托莱多
TOLEDO
地图p.6-F

托莱多位于西班牙首都马德里南70千米处。历史悠久，保留着中世纪氛围，塔霍河环绕半个城市。这里也是西班牙著名画家埃尔·格列柯的故居所在地。

呈现在格列柯画里的景观

ACCESS 往托莱多的交通方式

铁路▶从马德里的阿托查车站出发约需30分钟，车费13.14欧元，每天发车13次。到站之后，可以步行去往市中心，大约20分钟到达。乘坐直达巴士到索科多佛广场约需2.5欧元。乘坐从马德里出发的巴士约需1小时、5.35欧元。

旅游咨询处

比萨格拉新门前▶周一～周五9:00～18:00，周六9:00～19:00，周日9:00～15:00　大教堂前▶10:00～18:00
火车站前▶周一～周五9:00～18:00，周六、周日9:00～17:00，全年无休

地区概况

曾是罗马时代要塞城市的托莱多，在6世纪成为西哥特王国的首都，开始了繁荣发展的步伐。公元711年，被伊斯兰教徒攻陷，之后在收复失地运动中历经磨难，直到1085年，被阿方索六世国王征服。在这期间曾有基督教徒、阿拉伯人、犹太人共同在此生活，这种状况一直持续到1492年，因此托莱多成为基督教、伊斯兰教和犹太教并存的文化城市。这3种文化相互融合并对托莱多产生了深远的影响，为后世留下了丰富并极具文化特色的建筑物。

前往老城区的大门——太阳门

热门景点

说起托莱多，人们不禁会想起画家埃尔·格列柯。他跟委拉斯凯兹、戈雅并称为西班牙著名画家中的"三大巨匠"。他于1576年来到深爱着的托莱多，在此后直到逝世的40多年时间里都没有离开过这块土地，他把自己的后半生都贡献给了托莱多。

埃尔·格列柯作品《圣家族》

其代表作是被称为伟大杰作的《奥尔加斯伯爵的葬礼》（p.70 参见圣多美教堂）。此外，大教堂、塔维拉医院、圣克鲁斯博物馆以及托莱多的其他地方都陈列着埃尔·格列柯的作品。站在城北的环城道路，托莱多的城市景色尽收眼底，从山的一边看过去更是风景独美。此时，人们一定会想到陈列在埃尔·格列柯家中（地图p.68-F，9:30~20:00，周日、节假日10:00~15:00，3欧元）的另一杰作《托莱多风景》。

Sightseeing 观光

托莱多

大教堂
Catedral

地图 p.69-G

€11　从太阳门出发，步行6分钟　周一～周六10:00~18:30，周日、节假日14:00~／全年无休

大教堂是基督教首席大主教的驻地，也是西班牙天主教的总部所在地，在西班牙各地的教堂之中是规模最大的一座。托莱多大教堂始建于1227年，由费尔南多三世下令修建，直至1493年才竣工。大教堂的主体建筑为哥特式风格。教堂内部摆设着雕刻、绘画等很多宗教艺术作品，因此它作为美术馆的价值也很高。

教堂共有5座门，其中有"时钟之门"（Puerta del Reloj）、"赦罪之门"（Puerta del Perdón）和"狮子门"（Puerta de las Leones）等，大门上都有独特的雕刻、雕像，极为威严。

教堂内部由正殿（Capilla Mayor）、唱诗班席区（Coro）、参会室（Sala Capitular）、珍宝库（Tesoro）、圣具室（Sacristía）、礼拜堂（Capilla）、回廊（Claustro）构成。其中大教堂的唱诗班席位位于主堂中央，下排座椅上方刻有54幅连环画，生动地记载了收复失地运动中收复格拉纳达的历史场面。上面坐席的左侧绘有阿隆索·贝鲁格特的画像，右侧绘有凡里佩·比加尔尼创作的《圣经》中的人物像。

城堡（军事博物馆）
Alcázar (Museo del Ejército)

地图 p.69-G

€5（周日免费）　从大教堂出发，步行3分钟　10:00~17:00／周三、1月1日、6日、12月24日、25日、31日休息

建在城市高地处的四角形要塞。1538年由卡洛斯一世国王下令，由一座古老的要塞开始改建，直至1551年才建成现在的外观。西班牙内战时期，佛朗哥派的军队和其族人固守此地，在很长一段时间内持续激烈交战，造成阿尔卡萨建筑物大面积严重损坏。现在的阿尔卡萨是经后人重新修整过的，而且还增修了新的建筑。2010年改建成军事博物馆。新馆作为计划展厅使用，主场馆内陈列着不同时代、不同主题的武器、防御器具等。

阿尔卡萨（军事博物馆）

圣多美教堂
Iglesia de Santo Tome
地图 p.68-F

€ €2.30　交 从大教堂出发，步行5分钟
营 冬季10:00～17:45，夏季～18:45／无休

圣多美教堂是穆德哈尔风格建筑。之所以有名，是因为教堂内珍藏着西班牙著名画家格列柯的作品。其中称得上世界名画之一的《奥尔加斯伯爵的葬礼》就收藏于此。此画是为纪念曾为教会捐献过巨额资金的托莱多贵族奥尔加斯伯爵而绘制的。画中的内容是圣斯帝和奥古斯丁降临人间的奇迹场景。画面上部是耶稣和圣母玛利亚合手捧起的奥尔加斯伯爵的灵魂。该画反映了埃尔·格列柯的高超画技。

圣母升天犹太教堂
Sinagoga del Tránsito
地图 p.68-E

€ €3　交 从大教堂出发，步行7分钟
营 9:30～20:00（4月1日～9月30日）。10月1日～3月31日9:30～18:30），周日10:00～15:00，周一休息

圣母升天犹太教堂位于犹太人古街区的正中央。是一座穆德哈尔风格的犹太教堂。14世纪，作为犹太教的教堂开始修建，到1492年，成为基督教的教堂。天顶的木头格子装饰以及墙壁上方的圆拱形装饰非常漂亮。这里还刻有当时犹太人引以为豪的希伯来铭文。

白色圣母玛利亚犹太教堂
Sinagoga de Santa María la Blanca
地图 p.68-F

€ €2.50　交 从大教堂出发，步行6分钟
营 10:00～18:00（夏季至18:45）／全年无休

教堂建在莱伊艾斯·卡特里克斯大街对面。在13世纪犹太教的繁荣时期，在托莱多曾建有10多座犹太教堂。其中白色圣母玛利亚犹太教堂是规模最大也最具代表性的教堂。

拱门和回廊都非常漂亮

圣约翰皇家修道院
Monasterio San Juan de los Reyes
地图 p.68-E

€ €2.50　交 从大教堂出发，步行10分钟
营 10:00～17:30（夏季～18:30）／无休

托莱多与葡萄牙之间曾发生过惨烈的特洛战争。为纪念战争的胜利，1476年圣约翰皇家修道院开始修建，于17世纪初期得以竣工。其内部的装饰被称为"伊莎贝尔女王风格"，整体建筑以哥特式为主基调，并混有穆德哈尔式、文艺复兴式等不同样式。墙壁上垂下多条铁制的锁，据说这些垂锁是1492年解放格拉纳达的基督教徒们用来捆锁战俘的。

圣约翰皇家修道院

Eating

西班牙料理

阿德尔法
Adolfo
地图 p.69-G　　　　　　　　　　英菜 英

交 从大教堂出发，步行2分钟　　Hombre de Paro,7　925 22 73 21　营 13:00～16:00,20:00～24:00　休 周日晚上，夏季也有固定休息日　€ €76～（不含酒水）

托莱多

洋溢优雅格调的高级餐厅

是托莱多具有代表性的餐厅。房屋建于14世纪，无论从内部的装饰，还是从美食的味道来看，都非常独特。推荐菜品是炖石鸡。76欧元的套餐味道不错，值得品尝。

西班牙料理

卡尔德纳尔
Cardenal

地图 p.68-B

交 从比萨格拉新门出发，步行2分钟　✉ Paseo de Recaredo,24　☎ 925 220 862　营 13:30~16:30、20:30~23:00　休 全年无休　€ €35~

炖石鸡和烤乳猪

餐厅中央有个大锅，里面烤着托莱多名吃——乳猪（Cochinillo）。炖石鸡也非常好吃。这里还有外语菜单。烤乳猪24.95欧元。

西班牙料理

炖石鸡
La Perdiz

地图 p.68-E

交 从大教堂出发，步行15分钟　✉ Calle Reyes Católicos,7　☎ 925 252 919　营 13:00~16:00、20:00~23:00　休 周日晚上、周一　€ €12.90~

本店如同店名所传达的那样，炖石鸡是该店最好吃的菜肴。这里也有经典的午餐菜品，很适合一般的民众和游客。

西班牙料理

帕利亚
La Parrilla

地图 p.69-G

交 从阿尔卡萨尔出发，步行1分钟　✉ Horno de Bizcochos,8　☎ 925 21 22 45　营 13:00~16:00、20:00~22:00　休 全年无休　€ €15~

美味的乡间菜肴

主要的特色菜是炖石鸡和铁板烤乳猪。价格实惠，深受当地居民喜爱。在这里能够吃到托莱多最正宗的菜肴。

Shopping 购物

工艺品

西米安
Simian

地图 p.68-F

交 从大教堂出发，步行7分钟　✉ Calle de Santa Ursula,6　☎ 925 25 10 54　营 9:30~20:00　休 全年无休　HP www.artesaniasimian.com

能够看到金银镶嵌手工艺品的制作

托莱多古城有一种叫"Damazquinado Toledano"的金银丝镶嵌饰品，采用的是西班牙著名工艺，即把金银丝镶嵌在首饰、银盘上的古老技艺。在店内就可以看到工艺师的现场制作。

点心

圣特梅
Santo Tomé

地图 p.68-F

交 从大教堂出发，步行5分钟　✉ Santo Tomé,3　☎ 925 22 37 63　营 9:00~21:00　休 周二　HP www.mazapan.com/

托莱多的著名点心

该店的特色产品是一种类似饺子形状的小甜点——杏仁糖糕。大家可以买来作为礼物送人，盒装6.70欧元，200g。

Stay 住宿

老城区	**阿方索六世酒店** ALFONSO VI 地图 p.69-G　★★★★	交 阿尔卡萨尔前　✉ General Moscardó,2　☎ 925 22 26 00　📠 925 21 44 58　€ S€48.40~/T€61.60~　室 83　HP www.hotelalfonsovi.com/

塞哥维亚
SEGOVIA
地图p.6-F

塞哥维亚城历史悠久,最早可以追溯到古罗马时期。曾经是卡斯蒂利亚地区的中心城市和要塞城市。城市里的观光景点众多,主要的景点有:罗马时代的水道桥、迪士尼动画片《白雪公主》之城的城堡原型等。

长长的、美丽的罗马水道桥

ACCESS 前往塞哥维亚的交通方式

铁路 ▶ 从马德里的阿托查车站出发,约需30分钟,每天发车19次,车费12.70～24.10欧元。巴士约需1小时20分钟,8.09欧元。

旅游咨询处:
从马约尔广场出发,步行10分钟, 阿索格霍广场前 ▶ 夏季10:00～19:00、冬季～18:30/全年无休 ☎ 921 46 67 20 HP www.turismodesegovia.com/

地区概况

塞哥维亚历史悠久,其中最具代表性的建筑物是罗马时代的水道桥。另外,中世纪修建的城堡也保留了下来,并将老城区包围在内。现在的塞哥维亚城内,最受游客们欢迎的观光景点有罗马水道桥、童话《白雪公主》中的城堡原型和位于郊外的圣伊尔德丰索宫。

如需乘坐火车的话,需到距市中心5km的塞哥维亚车站坐车。11号巴士停靠在罗马桥附近,到车站大约用时20分钟。如乘巴士进入塞哥维亚的话,巴士终点站距离水道桥比较近,步行5分钟就可以到达。老城区的中心是马约尔广场,这里也设有旅游咨询处。马约尔广场正对面就是大教堂。

热门景点

塞哥维亚最引人注目的就是浪漫主义样式的优雅教堂。教堂外观是浪漫主义风格,如果想从不同的角度欣赏大教堂的话,可以选择城墙南侧的克艾斯塔·奥约斯大街,或北侧的圣多明戈斯曼大街。但无论从哪个角度欣赏大教堂,它都能给人留下美丽的印象。其中,圣米良教堂和圣埃斯特万教堂是最典型的浪漫主义风格教堂,也是塞哥维亚的象征性建筑。从市中心去往郊外的圣伊尔德丰索宫教堂可以乘坐巴士,用时15分钟。塞哥维亚的名吃是烤乳猪肉丸(Cochinillo Asado)。不远万里来到这里,一定要亲口品尝一下。

Sightseeing 观光

大教堂
Catedral

地图 p.72 ✱✱

€ €3　交 从马约尔广场出发，步行1分钟
营 9:30~18:30（冬季至~17:30）/ 无休

后哥特式大教堂

大教堂在1521年的内乱中遭到破坏，1525年卡洛斯一世时期，开始了漫长的修复重建工程，直到1577年才得以完工。大教堂是后哥特式，因其优雅的身姿，被称为"贵妇人"。教堂内明亮通透，彩色斑斓的格子玻璃看上去非常漂亮。大教堂有很多的优秀雕刻，其中，有一幅最美丽的雕刻作品《基督的葬礼》，出自于雕刻大师胡安·德·胡尼之手。大教堂附属美术馆内，陈列展示有佩特罗·贝尔盖尔等著名美术家的众多绘画、雕刻作品。

罗马水道桥
Acueducto Romano

地图 p.72 ✱✱✱

从马约尔广场出发，步行12分钟

在欧洲各地现存的众多水道桥中，这座罗马时代的水道桥是其中最漂亮的一座。水道桥全长728米，高28米。水道桥所用的石块之间没有任何的黏合材料，全部靠的是石块之间的角度和缝隙契合堆积而成。全部石材为精美的花岗岩，桥身为双側拱门结构。

水道桥建造于公元1世纪左右，当时的图拉真皇帝为了治理国家，下令修建了这一巨大的工程。其建筑工艺达到了当时古罗马文明、技术的最高水准，令人叹服。水道桥将发源于弗恩福利亚山脉的阿塞贝塔河的河水引到塞哥维亚。如今，水道桥仍承担着水路的功能。

城堡
Alcázar

地图 p.72 ✱✱

€ €5、参观顿·朱安塔€2　交 从马约尔广场出发，步行15分钟　营 10:00~19:00（冬季至18:00）/ 全年无休

外观优雅的城堡

城堡建在埃莱斯玛河与克拉摩莱斯河交汇处的高耸的岩山之上。外观精致优雅，是迪士尼动画片《白雪公主》中的城堡的原型。据说，这里最早是王室的住所，伊莎贝尔女王的登基仪式就是在这里举行的。费利佩二世也在这里举行过结婚典礼。城堡内还有一座顿·朱安塔，站在塔上可以眺望塞哥维亚城市景色和阿达拉玛山脉一带的自然风光。

圣伊尔德丰索宫
La Granja de San Ildefonso

地图 p.72外 ✱✱

€ €9　交 从罗马水道桥出发，乘坐出租车大约10分钟　营 10:00~20:00（冬季10:00~18:00）/ 周一休息

法国国王路易十四世的孙子费利佩五世因怀念故乡，于1731年下令在瓜达拉玛山麓上修建了这座宫殿。因此，整个宫殿及其内部的庭院极具法国特色，置身于圣伊尔德丰索宫内，仿佛有身处凡尔赛宫的错觉。

宫殿内大量使用大理石和天鹅绒装饰，天花板上的湿壁画、下垂的巨型豪华枝形吊灯，营造出豪华、奢侈的氛围。庭院占地145公顷，其面积之大令人叹服。庭院里种植着大量绿色植被，还建有许多喷泉和人工瀑布。在庭院里边散步边欣赏这些技艺精湛的建筑艺术不失为一种乐趣。

拥有广阔而美丽庭院的圣伊尔德丰索宫

Eating 美食

坎迪德酒馆
MESÓN DE CÁNDIDO

地图 p.72

英菜　英人

交 位于罗马水道桥前面
　Plaza del Azoguejo,5
☎ 921 42 81 02
营 13:00~16:00、20:00~23:00　€ €40~
HP www.mesondecandido.es/

拉曼查地区
探寻堂吉诃德之路

《堂吉诃德》这部名作早已被世人所熟知。主人公堂吉诃德沉迷于骑士小说,渐渐分不清现实与小说的不同,执意要成为一名"周游骑士"。而故事就发生在马德里南部广袤而荒凉的拉曼查地区。

与堂吉诃德有关的城镇

克里普塔纳
堂吉诃德挑战风车的地方

拉曼查地区位于马德里和托莱多的中间地带,很多去往安达卢西亚地区参观游玩的旅游团都会途经这里。因此,大多数旅游团都会把与堂吉诃德相关的城镇列入日常参观行程之中。

其中,最著名的景点就是克里普塔纳原野(Campo de Criptana)。它位于一座小山丘之上,大约有10座风车。

在《堂吉诃德》中,主人公堂吉诃德把旋转的风车错看成是邪恶的巨人,并与之展开搏斗。这座风车是白色圆筒状的建筑,顶端是黑色三角形的屋顶,给人的印象非常深刻。许多旅游团都会从马德里出发前来观看这座风车。克里普塔纳这座城镇本身并不大。

埃尔托波索
堂吉诃德梦中情人所在的村庄

从马德里乘坐地铁4号线,经由奥卡尼亚,驶向国道301号线去往克里普塔纳的途中会经过一个叫作温塔·德·堂吉诃德的城镇。这座村庄因为堂吉诃德的大名而渐渐变得名气大噪,这里是堂吉诃德的梦中情人杜尔西内娅居住的地方。

这里有一座"杜尔西内娅之家",如今已经被改建为杜尔西内娅博物馆(开馆:

克里普塔纳的风车

位于埃尔托波索城镇中的堂吉诃德和他的梦中情人杜尔西内娅的铜像

周二~周六10:00~14:00、17:00~19:00,周日、节假日10:00~14:00、门票3欧元)。博物馆里展示有堂吉诃德时代的古老家具等。

孔苏埃格拉
从风车山丘上俯瞰拉曼查平原

克里普塔纳城市对面,是一座叫作孔苏埃格拉(Consuegra)的城镇。从克里普塔纳去往孔苏埃格拉的途中,会经过一个小镇子,镇子的名字叫作普埃托拉皮塞(Puerto Lapice)。镇子里面有一座堂吉诃德亭,是餐厅兼特产商店,许多旅游团都会选择在此处用餐休憩。

孔苏埃格拉距离普埃托拉皮塞不远。随着距镇子越来越近,远处列于高高的山丘之上的整齐有序的风车也越来越清晰。山丘上面建有阿拉伯古城,并排9架风车。风车很大,即使远在克里普塔纳也

(上)杜尔西内娅之家(下)位于普埃托拉皮塞的餐厅——堂吉诃德亭,可以在这里用餐、购物

能眺望到。感兴趣的游客可以到风车里参观一下,许多特产店也坐落于其中。站在山丘高处俯瞰曼查地区风光再合适不过。一眼望去,是一望无际的辽阔平原,非常壮观。孔苏埃格拉除了以风车和古城闻名之外,这里的菜肴也很好吃。这里有品尝西班牙名吃海鲜饭不可或缺的藏红花(azafrán)。

孔苏埃格拉是"堂吉诃德之路"的最后一站。在这里参观完毕后,可以乘坐汽车沿着来时的路回到地铁4号线一直北上,大约1小时20分钟之后回到马德里。不返回马德里,而是前往托莱多的话,可以驶上400号线公路一直往北去,大约50分钟之后到达托莱多。

站在小山丘上眺望拉曼查地区的风景

阿兰胡埃斯
ARANJUEZ
地图p.6-F

位于塔霍河河畔的小镇阿兰胡埃斯，面积辽阔，曾经是西班牙王室的夏季避暑胜地。茂密的森林、优美的环境，让这里有如沙漠绿洲。在林荫小路上散步，让人的心灵也得到片刻的沉静。

前往阿兰胡埃斯的交通方式

ACCESS 前往阿兰胡埃斯的交通
铁路▶从马德里的阿托查车站出发，约需45分钟，每小时发车2~3次，车费3.2欧元。 巴士▶从马德里巴士南枢纽站出发，约需50分钟，平常每隔10~30分钟发车，车费3.35欧元。

旅游咨询处
圣安东尼奥广场 ● 10:00~18:00／全年无休 ☎ 91 891 04 27

地区概况

阿兰胡埃斯王宫的建设始于16世纪中期费利佩二世时期，中间经历了数次火灾，但王宫的建设一直没有中断。直到18世纪后的卡洛斯三世时期才终于正式竣工。阿兰胡埃斯整个城镇的规划就是王室的离宫。

热门景点

走在阿兰胡埃斯街道上，以王宫为起点，可以徒步游玩岛屿花园、"船之家"、王子庭院、"农夫之家"等景点。若是想轻松自在地游览阿兰胡埃斯的话，推荐乘坐"Chiquitrén"观光车。"Chiquitrén"观光车是一种蒸汽机车样式的观光游览车。它的路线是从王宫前出发，经由"船之家"、王子庭院、"农夫之家"，绕市区观光景点转一圈需要50分钟，是一段较为短暂的旅程。

Chiquitrén
运行时间：11:00~17:30（夏季~20:00）／周一休息（冬季）
费用：5欧元

另外，塔霍河上有观光船。从中午12点到晚上8点（下午3点除外），每小时开航，大约需45分钟、10欧元。

Sightseeing 观光

阿兰胡埃斯

王宫
Palacio Real

地图 p.76-A

- ■费用：9欧元（含"船之家""农夫之家"）
- ■交通：从火车站出发，步行10分钟
- ■开馆：10:00～18:00（4～9月～20:00）/ 周一休息

王宫的中庭宽敞而美丽，现在面向游客开放的是其中的27间房屋。当中的瓷器室（Sala de Porcelana）展示着精美的瓷器，白色的瓷砖上面雕刻有各种植物、动物的图案，非常逼真，其色彩之丰富令人惊叹不已。还有一座仿照格拉纳达的阿兰布拉宫两姊妹室修建的吸烟室（Salón de Arabe），也是王宫中的必看景点。总之，王宫是一处非常不错的观光景点。

从中庭欣赏王宫

岛屿花园
Jardín de la Isla

地图 p.76-A

■交通：从王宫出发，步行2分钟

是围绕塔霍河修建而成的人工岛屿。法式花园里面种植着各种鲜艳、美丽的花朵和绿色植被。岛屿的中间还分散着几处泉水。

"船之家"
Museo de Faluas

地图 p.76-A

■费用：9欧元（含王宫、"农夫之家"）（含导游费）■交通：从王宫出发，步行15分钟 ■开馆：10:00～18:00（4～9月至20:00）/周一休息

沿着王子庭院到塔霍河一带，曾经是王室贵族们经常泛舟游玩的场所，"船之家"即停放着这些船只。经过改建之后，这里成了王室小船博物馆（Museo de Faluas Reales），里面陈列着6艘王室船只。

王子庭院
Jardín del Principe

地图 p.76-B

■交通：从王宫出发，步行5分钟

卡洛斯四世于1763年修建了这座庭院，法国人在庭院中间建起了一座游泳池。王子庭院的总面积达150万平方米。入口共有3个，都位于女王道沿街。庭院内部装饰得非常漂亮，透着一种对称美。绿色环绕的院子里面还有一座美丽的喷泉。在庭院中悠闲地散步赏景，浮躁的心灵也会得到净化。

"农夫之家"
Casa del Labrador

地图 p.76-B

- ■费用：9欧元（含王宫、"船之家"）
- ■交通：从王宫出发，步行20分钟
- ■开馆：10:00～18:00（4～9月至20:00）/ 周一休息

从王子庭院出来就是女王大道，沿着左手边的林荫小道步行15分钟后，就到了"农夫之家"（Casa del Labrador）。不出王子庭院，沿着院子内的指引牌步行15分钟，也可到达"农夫之家。"

"农夫之家"是卡洛斯四世建造的用于狩猎和疗养的宅邸，该地区曾经为富裕的农夫所拥有，因此其建设的宅邸就以"农夫之家"来命名。名字虽然非常朴素，但是内部却极尽豪华，到处装饰着名贵钟表、家具等奢侈品，还有精美的刺绣绢布、壁挂饰品等，让人目不暇接。该宫殿面积虽小，但是其豪华程度绝不亚于王宫，很值得一看。

参观"农夫之家"有人数限制，有时会比较拥挤，而有时又会凑不够人数，耐心等待一会儿就好了。

豪华的"农夫之家"，曾是王室的离宫

巴塞罗那
BARCELONA
地图p.7-H

巴塞罗那大约170万人口，是西班牙的第二大城市。巴塞罗那城市分为新城区和老城区两部分。这两个城区又各自分为几个板块。

优雅、休闲的巴塞罗那街角

ACCESS 从机场前往巴塞罗那市区
出租车▶到加泰罗尼亚广场大约25分钟、25欧元（另机场接送费4.2欧元） 铁路▶距离桑特斯火车站大约20分钟。距离格拉西亚站大约26分钟，需4.1欧元。

旅游咨询处
加泰罗尼亚广场▶9:30~21:30（新年假期期间至15:30）/1月1日、12月25日休息
普拉特机场内▶8:30~20:30/1月1日、12月25日休息

城市概况

据说巴塞罗那是由迦太基将领、汉尼拔的父亲哈米尔卡·巴卡所兴建，至少也由公元20年左右罗马人所兴建的巴萨城开始起源的，历史悠久。虽然同处西班牙，但是巴塞罗那不同于以马德里为中心的卡斯蒂利亚王国，在加泰罗尼亚王国、阿拉贡王国的统治下，走上了自己的独特的道路。因此，它拥有自己独立的语言和文化。安东尼奥·高迪就是这其中的杰出代表，出现于19世纪末期的现代主义建筑作品，就极具巴塞罗那特色。

哥特地区靠近海边，是旧城区的中心。西侧的繁华街区的兰布拉斯大道，北侧的格拉西亚路上矗立着很多现代主义风格的建筑物和品牌商店。蒙锥克位于兰布拉斯大道的西南侧，这里是1992年巴塞罗那奥运会的主会场。另外，加泰罗尼亚博物馆也位于此处。奎尔公园、高迪相关景点等位于郊区。

巴塞罗那剪切地图

热门景点

巴塞罗那的观光景点很多。如果仅想参观主要景点的话,也需要大约3天的时间。如果想要详尽地参观每个景区,那么至少需要一周的时间。如果仅安排了一天的时间参观巴塞罗那,那么,萨格拉达·法米利亚教堂和奎尔公园是一定要去看的。另外,在格拉西亚大道上的两处著名的高迪建筑、哥特地区的大教堂也是必看景点。如果有时间的话,建议再去参观一下毕加索博物馆、兰布拉斯大道和蒙锥克山丘。

◆购物的话朝北去

哥特地区有很多别具特色的商店,另外从加泰罗尼亚广场的西北方到艾克萨潘区坐落着许多大型购物中心和商业街。再往北去,是蒂阿格纳尔大道(Avingude Diagonal)。这条大街西面的区域,就是新城区。这里有不少商业中心、集市等大型购物场所。

◆年轻人青睐的海岸地区

城堡公园南侧的广阔地区是被称为巴塞罗那塔(Barceloneta)的地区。这里四周环海,自古以来就作为海滨浴场,深受人们欢迎。一些老字号海鲜餐厅也分布在这里,能够尝到最正宗的海鲜料理。

另外,在海港向外凸出、填海造地而成的一块区域上有3D电影院(Imax)、水族馆(L'Aquárium)和精品店、小吃店,以及舞厅等娱乐场所,是年轻人非常青睐的地方。

推荐旅游线路

以停留3天为例

※以到达时间为下午(15点左右)为例

第1天

PM ● 下午酒店办理入住
放下行李迅速出门。

● 在酒店周边散步
在晚饭前的空闲时间里收集旅游信息。

● 在海边的正宗海鲜餐厅用晚饭
尽情享受地中海的恩惠。

第2天

AM ● 早上市内观光
在哥特地区参观大教堂等。

PM ● 午餐
在老城区享受加泰罗尼亚风味美食。

● 参观奎尔宫
参观高迪的代表作。

PM ● 下午前往蒙锥克山丘
乘缆车上山。参观加泰罗尼亚博物馆和米罗博物馆。

第3天

AM ● 早上市内参观
参观高迪代表作萨格拉达·法米利亚教堂、米拉之家、巴特略之家等。

PM ● 下午根据个人喜好安排行程
下午可以到郊外参观高迪作品。奎尔公园自然是不容错过的,其他景点的话可以不看,剩下的时间就可以用来购物了。如果想要前往蒙特塞拉特地区参观黑面圣母玛利亚雕像的话,一定要提早出发。

● 晚餐
其他城镇里面的用餐场所并不是很多。建议到巴塞罗那、弗拉门戈的餐厅、酒馆享用晚餐。

市内交通

巴塞罗那的旅游景点比较分散，如果想要步行参观完全部景点的话，会很吃力。但所幸的是，巴塞罗那的市内交通非常发达，地铁和巴士几乎覆盖了市内全部区域，出租车也比较方便。除了这些普通的交通工具之外，还有空中索道、游览船、渡轮等许多交通方式。利用好这些交通工具能提高参观的效率。

地铁 Metro

费用：单程票2.15欧元

对游客来说，最方便的交通方式就是乘坐地铁。乘坐地铁几乎可以到达全部景点，去往观光景点的路线仅有5条，乘坐起来也比较容易。平日地铁的运行时间为上午5点到深夜12点。现有地铁1~5号线和9~11号线共8条线路，且分别用不同颜色表示：1号线是红色，2号线是紫色，3号线是绿色，4号线是黄色，5号线是蓝色，9号线是橙色，10号线是淡蓝色，11号线是黄绿色。市中心的几个地铁站与国铁Renfe、奎尔公园和加泰罗尼亚铁路相连。地铁站内设有各站的地图。

巴士 Autobús

费用：单程票2.15欧元

巴塞罗那的市内巴士如同右上方照片中所示的那样，车顶是红色的。巴塞罗那市内有80多条巴士路线。

为了更好地乘坐巴士，需要购买一份巴士路线图（Guid d'Autobúses urbanos de Barcelona）。除了可以在桑兹车站和乌尼贝尔西塔特站买到巴士路线图外，还可以在巴塞罗那市交通局（T.M.B）和旅游信息中心购买。

出租车 Taxi

起步价：2.1欧元

巴塞罗那的出租车车身黑色，车门是黄色。这是巴塞罗那出租车的统一色彩搭配。这样的颜色在巴塞罗那街头非常醒目。

出租车大都是私人营业。拿到出租车驾照后，将自己的车子涂成这种颜色就可上街营业了。

其他类型的巴士

夜间巴士 Nit Bús

深夜（22:30~次日5:00）运行的17号巴士。地图上用蓝色路线标示。车头上标有字母"N"。车费2.15欧元。

旅游巴士 Bús Turístic

全市共有44座巴士站，是运行在加泰罗尼亚广场、兰布拉斯大道、桑兹车站和蒙特惠奇区间的循环巴士。1日票27欧元，2日票35欧元，上车买票。使用该车票参观美术馆等景点会有相应折扣。

其他的交通工具

费用: 单程票2.15欧元

加泰罗尼亚铁道 Ferrocarrils de la Generalitat de Catalunya

照片上的标志是加泰罗尼亚铁道的车徽。始发站有两个,分别位于市区北面的加泰罗尼亚广场和西班牙广场。去往蒂维达沃山丘可以选择加泰罗尼亚广场发车的路线,去往蒙特塞拉特或高迪的奎尔教堂时可以选择西班牙广场发车的路线。

在市内乘坐的话,价格为统一价2.15欧元,使用联票也可以乘坐。超出市内范围要收取相应距离的费用。去往蒙特塞拉特的话,建议购买往返套票比较实惠。

电缆车 Funicular

电缆车乘坐站与地铁3号线Parallel站相连,从这里去往蒙锥克公园(Parc de Montjuic)历时2分钟,单程车票2.15欧元。也可以乘坐电缆车前往蒂维达沃山丘。

路面电车 Tramvia Blau

路面电车与加泰罗尼亚铁道Av.del Tibidabo站和Tibidabo站的电缆车乘车站相连,是西班牙最古老的路面电车。单程车费为4.20欧元,往返车费为6.58欧元。旅游淡季时仅周六、周日、节假日运行。平时由巴士代替运行。

电动缆车 Teleférico

从Parc de Montjic站出发,经由Mirador站到达蒙锥克城(Castell de Montjuic)。途中可以俯瞰脚下的游乐园,仿佛是空中漫步一般。单程费用7.50欧元,往返费用10.80欧元。

空中索道 Transbordador Aéri

空中索道连接蒙锥克山丘上的瞭望台和巴塞罗那的Port Vell。夏季11:00~20:00开放(季节不同,收费标准也不同)。单程费用10欧元,往返费用15欧元。

巴塞罗那一卡通

艺术联票(ARTICKET BCN)

艺术联票是巴塞罗那7个艺术中心的通票,价格为30欧元。这7个艺术中心是:毕加索博物馆、加泰罗尼亚国立美术馆、巴塞罗那现代美术馆、米罗美术馆、安东尼·塔比艾斯美术馆、巴塞罗那现代文化中心、米拉之家。如果分别购买这些场馆的门票的话,价格要比艺术联票贵不少。艺术联票在各个美术馆的售票处和旅游信息中心有售。
网址: www.articketbcn.org/

巴塞罗那一卡通(BARCERONA CARD)

使用这种卡,可以进入包含弗雷德里克·马雷斯美术馆在内的12所美术馆,而且,刷卡进入一部分美术馆还有相应的打折。使用这种卡还可以无限次乘坐市内地铁、巴士和有轨电车。而且,在指定的餐厅和酒店刷卡也会有折扣,并且城市内80%以上的服务设施都能用。2日票: 37欧元,3日票: 47欧元,4日票: 56欧元,5日票: 62欧元。在加泰罗尼亚广场、圣贾乌玛广场和普拉特机场都可以买到这种通票。
网址: barcelonaturisme.com/

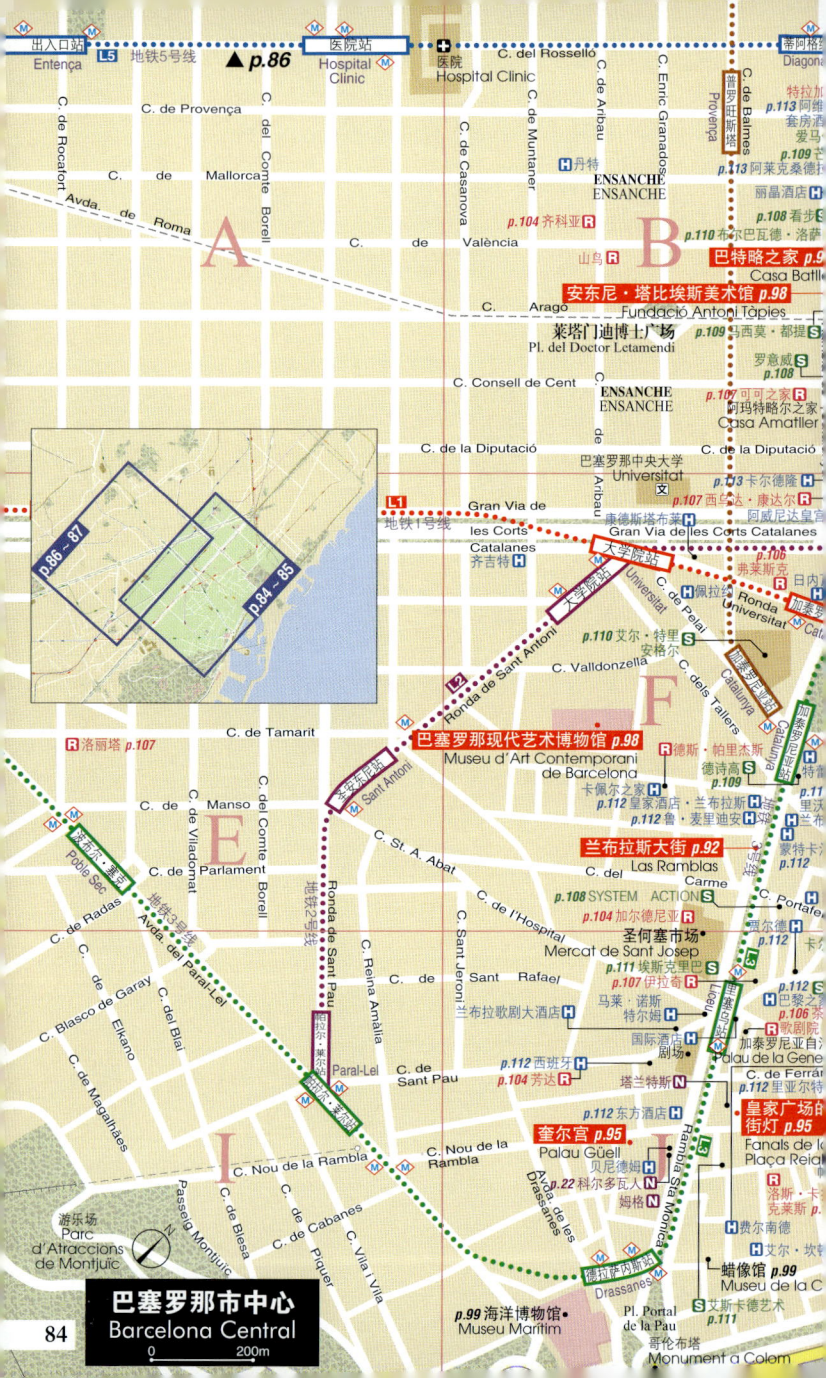

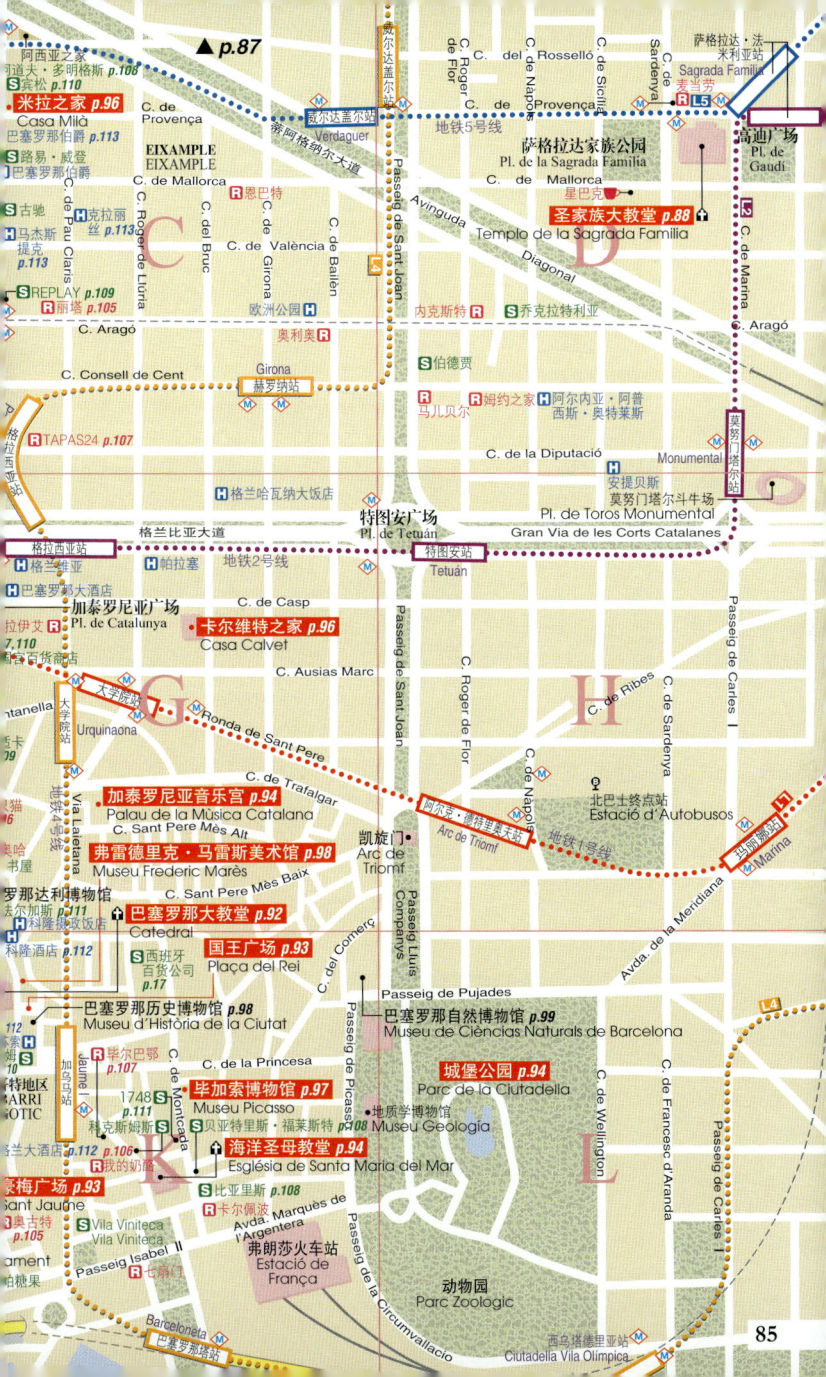

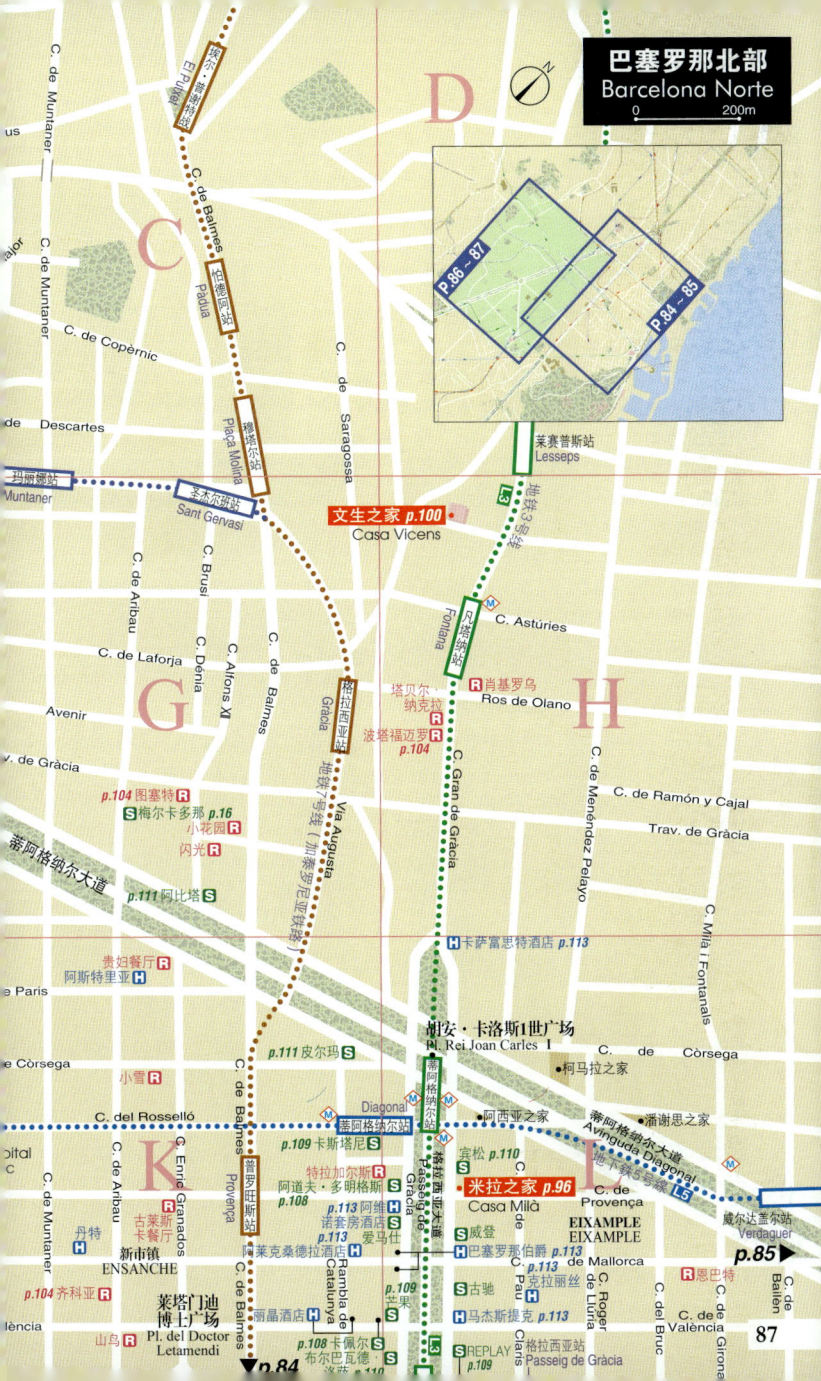

圣家族大教堂大探秘

旁边的公园是绝佳的摄影地点

圣家族大教堂是西班牙建筑大师安东尼奥·高迪的毕生代表作。

2010年完成祭坛建设后的圣家族大教堂人气越发高涨，下面为游客全面介绍参观该景点的旅游知识。

地图 p.85-D

竣工图介绍及入场注意事项

截止到2014年9月，完成了"诞生立面""受难立面"两个立面和8座塔，以及由祭坛和长廊组成的圣堂部分。当时一度流传着"还需200年才能全部完成"的说法，但由于最近抢工，预计2026年即可全部完成工程建设。

全部建成后，算上"荣耀立面"总共3个立面和18座塔。进入内部参观，如果事先有预约，可以从"诞生立面"一侧的门进入；如果是直接购票的游客，需要从"受难立面"一侧的门进入。教堂里面虽然允许摄影，若是从座席区拍摄祭坛的话，注意需要坐在椅子上进行拍摄。站在教堂里给人一种宛若置身森林的感觉。

罗马法王曾经来访过此处

要想登塔的话，需要事先确认电梯开放时间，以免耽误。另外，背包之类的大件行李需要寄存在更衣室。如遇雷电、大风天气，电梯也会临时停运。

登塔必须提前预约

塔顶属于西班牙数一数二的人气摄影地点，所以要想登塔最好提前在网上进行预约（http://www.sagradafamilia.cat/sf-eng/?Lang=0）。网页上有英语版，先点击右侧的entrances tickets，然后选择sagrada familia and visit to the towers（登塔）或者sagrada familia（不登塔）。准备登塔的游客无论是从"诞生立面"还是从"受难立面"进入教堂，即使选定了登塔时间，有时也很难如愿。因为有时即使登塔的门票有剩余，但是进入教堂的门票卖光，也有正好相反的情况。所以切记一定要提前预约。该景点的门票提前3个月即可预订。

从座席区观望祭坛

巴塞罗那

圣家族大教堂景点知识早知道

圣家族大教堂,又被称为赎罪教堂,修建资金是由个人捐赠的善款构成。起初是由弗朗西斯科·德比里亚开始设计,1883年转由安东尼奥·高迪接手。

"诞生立面"顶部有着极为细致的雕刻。

"诞生立面"

该立面是由高迪亲手创作的。2005年被选为世界遗产。

高迪楼梯

钟楼楼梯。旋转的楼梯,就好像蜗牛壳一样。

圣堂内部

圣堂建成于2010年。圣堂内部仿照森林模样建造,柱子看起来也好像是大树。

"荣耀立面"

现在正在施工中,所以看不到它的全貌。据说要建成最豪华的立面,期待它的完成。

"受难立面"

该立面以雕刻大师约瑟夫·萨巴拉奇斯创作的作品为装饰,多采用直线结构,给人以抽象的印象。与"诞生立面"印象截然不同,也是看点之一。

参观博物馆

博物馆位于大教堂的地下。高迪创作的建筑模型在西班牙内战期间受到破坏没能留下来。但该博物馆内展示着复原的模型和大教堂施工过程中的照片。还设有圣家族大教堂解说音响室。

值得关注的商店

内外各有一间商店。除了以高迪作品为主题的文具、科普类作品、建筑作品等之外,在内部商店二层还销售高迪设计的椅子。推荐在此选购纪念品。

89

伟大的超现实主义旗手
萨尔瓦多·达利

达利全名为萨尔瓦多·达利（Salvador Dalí）。他自称为"偏执狂"，是西班牙历史上最著名的超现实主义的代表人物。

他独树一帜的画风，于第二次世界大战期间在美国深受好评。他以严肃、认真的态度对待超现实主义，对世界艺术做出了突出贡献。

▶巴塞罗那
达利博物馆

达利博物馆位于巴塞罗那旧城区的哥特地区，距离大教堂非常近。分为地上一层和地下一层两部分，共展出达利生前创作的700多幅绘画和有关照片。博物馆内墙壁上装饰有很多达利自己的肖像和照片。室内的装修展示了他偏执狂的特点，这个博物馆本身就是他的一个作品。窗户对面的房间是充满童趣的达利美术馆。对超现实主义感兴趣的游客，不妨在菲格拉斯和卡塔克斯地区多逛逛，到这里参观一下。

以达利个人作品为主的达利博物馆

▶菲格拉斯 ## 达利美术馆

达利美术馆的外壁上是奇特的鸡蛋造型，墙壁侧面点缀着面包形状的装饰物

萨尔瓦多·达利生于西班牙菲格拉斯这座人口仅有3万人的田间小镇。他在这里出生、长大并创作了许多幅闻名世界的作品，最后在这里辞世。如今，他的故乡建成的这座著名的达利美术馆，吸引着来自全世界范围的美术爱好者前来参观、膜拜。

美术馆的前身是市民剧场，在内战中被烧毁后，于原来的旧址上建起了这座美术馆。美术馆的外面墙壁上装饰着大大的鸡蛋造型，非常新颖奇特。在美术馆的内部也建有许多构思奇妙的雕塑作品，令人叹为观止。达利于1989

access
地图：p.85-G
交 从地铁4号线Jaume I站出发，步行5分钟
营 10:00～22:00 / 全年无休
€ €8
✉ Carrer Arcs,5 08002 Barcelona
☎ 93 318 17 74

巴塞罗那

年去世,享年84岁。在他的有生之年总共创作了将近1万件作品。达利美术馆中珍藏其中的600多幅。其中,最著名的作品是《加拉的实体与虚像》,近看画的内容是达利的妻子加拉的裸背,而远看就变成了神殿式建筑,是一幅非常神奇的画作。还有一幅画,近看是会客厅的样子,而从二楼的高度望去,画的内容则变成了女演员的肖像。这些达利的得意之作被称为"欺骗画作",安静地摆放在达利美术馆内。

另外一个场馆Dali Joies内还珍藏有达利设计的漂亮的珠宝饰品。

▶卡塔克斯 "蛋之家"

卡塔克斯是超现实主义诞生的温床。如今,这里保留着历史上许多超现实主义艺术家的多幅作品。从赫罗纳乘坐巴士可以到达这里。下车后,步行20分钟左右,即可到达"蛋之家"(Port Lligat)。这里曾经是达利与加拉夫人一起居住过的小渔村,"蛋之家"曾经是他们的住所和画室。建议早晨来这里参观,参观完可以赶上下午的巴士返回。选择在这里住一晚也不错,但是夏季旅游高峰期客人会比较多,建议提前预订好酒店。冬季会闭馆,来之前请提前确认。"蛋之家"现在作为达利美术馆(Casa Museu Salvador Dalí)面向游客们开放,达利的工作室和书房保存完好。建议在参观之前打电话或发电子邮件确认一下,并比预约时间提前30分钟到达馆前。

美术馆的三层入口处,外观像是一个女性的脸庞,里面陈列着达利的不少名作

"蛋之家"位于入江口处

access
🚇 从菲格拉斯火车站出发,步行15分钟
🕐 10:00~18:00(7~9月9:00~20:00,3~6、10月 9:30~18:00)/ 周一·1月1日、12月25日休息)
✉ Plaça Gala-Salvador Dalí,5 17600 Figueres ☎ 97 267 75 00
€ €12

去往菲格拉斯的交通方式(地图p.7-D)

铁路▶从巴塞罗那乘坐桑兹火车大约需要2小时,火车每小时发车1~3次,车费12~16欧元(特快列车需55分钟)。到达Figueres Vilafant车站。
巴士▶从巴塞罗那北部的巴士终点站乘坐巴士历时大约2小时20分钟即可到达。一天之内发车4次(周六、周日发车2~3次)。从巴塞罗那乘坐巴士去卡塔克斯大约需要1小时,一天之内发车4次。

access
🚇 从卡塔克斯巴士终点站出发,步行20分钟
🕐 2月12日~6月14日·9月16日~次年1月6日10:30~18:00、6月15日~9月15日 9:30~21:00 / 1月7日~2月11日和除夏季之外的周一休息
€ €11
✉ 17488 Port Lligat(Cadaqués)
☎ 97 225 10 15
🌐 www.salvador-dali.org/
✉ pllgrups@fundaciodali.org

去往卡塔克斯的交通方式(地图p.7-D)

巴士▶从巴塞罗那北部的巴士终点站乘坐巴士,历时大约2小时45分钟即可到达。一天内发车2次(周六、周日发车1次)。从赫罗纳乘坐巴士大约需要1小时50分钟,周一~周五天发车1次(周六、周日不发车)。

Sightseeing 观光

巴塞罗那市中心
Central Barcelona

巴塞罗那的观光景点主要集中在两处：汇集13～15世纪时期修建的建筑物的哥特地区和加泰罗尼亚广场到海边一带绿色浓荫的大道——兰布拉斯大街。对游客们来说，这两处景点集中区称得上是巴塞罗那市的中心。

巴塞罗那大教堂
Catedral ✱✱✱

地图 p.85-G

🚇 从地铁4号线Jaume I 站出发，步行5分钟
€ 8:00～12:45（免费）、13:00～17:00（€6）、17:15～19:30（免费）/ 周日8:00～13:45（免费）、14:00～17:00（€6）、17:15～19:30（免费）
● 美术馆 🕐 13:00（周日·节假日14:00）～17:00 / 全年无休

巴塞罗那大教堂最初的修建时间为1298～1448年，那是巴塞罗那最为鼎盛的时期。之后在19～20世纪大教堂又得到了进一步的改建，最终成了大家现在看到的样子。其建筑样式是加泰罗尼亚哥特典型样式。回廊比侧廊要长一些，但是高度大体相当。一进入巴塞罗那大教堂，首先映入眼帘的是圣埃乌拉利娅的唱诗坛。唱诗坛由白色的大理石雕刻而成，显得纯洁而神圣。坛壁上雕刻着巴塞罗那的守护神圣埃乌拉利娅殉教的场景。这一雕刻出自于巴塞罗那最为著名的雕刻大师巴拖洛梅·奥多涅斯（Bartolomé Oodóñez）之手，是西班牙雕刻界的一大杰作。圣埃乌拉利娅的遗骸保存在地下圣堂的精美石棺中。

与其相毗邻的巴塞罗那大教堂美术馆(Museu de Catedral)内，有不少名家的作品。其中，科尔多瓦的画家巴拖洛梅·贝尔梅霍（Bartolomé Bermejo）创作的《彼塔》(*Pietát*) 非常著名。

兰布拉斯大街
Las Ramblas ✱✱✱

地图 p.84-F～J

巍峨耸立的巴塞罗那大教堂

来到巴塞罗那,人们一定要去的地方就是兰布拉斯大街。机场大巴终点站就是加泰罗尼亚广场。从这里步行出发,不一会儿,映入眼帘的是一家家色彩斑斓、花香莺啼的花鸟鱼虫店。

行走在大街上,两旁的店铺外摆放着桌椅供行人歇息。在街旁的露天咖啡店入座,热情的服务生就会过来询问需要什么饮料。坐在这里一边喝咖啡、一边欣赏热闹的街景真是一件非常惬意的事情。但是,这里的饮品价格较高,一杯啤酒甚至卖到10欧元,游客们注意不要被宰。

从地铁加泰罗尼亚广场站出站之后,步行向右,不久就会看到一座大型市场,这是巴塞罗那规模最大的市场——圣何塞市场(Mercat de Sant Josep)(通称博盖利亚,Boqueria)。里面除了花鸟鱼虫店,还有各种各样的精品店铺、餐厅、手工艺品店等,一些街头艺人也喜欢在闹市街头展示自己的手艺……

米罗马赛克博物馆的右手边有一座美丽的建筑物,那是在欧洲极负盛名的歌剧殿堂——里赛欧歌剧院(Gran Teatre del Liceu)。

顺着里赛欧歌剧院往前150米左右的右手边,是莱依阿尔广场。广场上的街灯非常漂亮,出自于高迪之手。这一带有很多以贩毒为生的人,也经常能发现警察的身影。右边的大街叫作诺乌·德·拉·兰布拉斯大街(Calle Nou de la Rambla)。这条大街上坐落着奎尔宅邸。在莱依阿尔广场到海边一带,有许多为游客创作素描画的画家,从写实主义到超现实主义各种风格都有,有兴趣的游客可以来试一试。

不远处的和平门广场(Plaça Portal de la Pa)上矗立着哥伦布纪念塔。这个广场也是兰布拉斯大街的终点。站在广场上,大海就在眼前。

国王广场
Plaça del Rei

地图 p.85-K

交 从地铁4号线Jaume I 站出发,步行3分钟

沿着巴塞罗那大教堂正前面左侧的小路向前走,到达第一条街道桑塔克拉拉大街(Bda. Santa Clara)后左拐,可到达国王广场。国王广场三面环绕着哥特式建筑,历史悠久。正面的建筑曾经是巴塞罗那公爵的官邸。穿过大门,是会客厅(Saló del Tinell),这里还保留着当年哥伦布从美洲大陆探险回来、拜见伊莎贝尔女王时走过的1/4圆弧形状的台阶。

左侧有一座6层高的建筑——马蒂王的眺望楼(Mirador del Rei Martí)。右侧的建筑物是圣阿迦达礼拜堂(Capella de Santa Ágata)。另外,还有一座国王古文书馆(Palau del Lioctinent)(约克提宫)。

圣豪梅广场
Plaça de Sant Jaume

地图 p.85-K

交 从地铁4号线Jaume I 站出发,步行5分钟

圣豪梅是耶稣基督的十二信徒之一,这是

哥伦布纪念塔

哥特式建筑的掠影不禁让人回忆起大航海时代

市政厅正门

他的名字在加泰罗尼亚语中的发音。市政厅（Ajuntament）和自治区政厅（Palau de la Generalitat）围着广场而建。

市政厅建于14世纪，位于西乌塔大街（La Ciutat）正对面。哥特式大门非常引人注目。自治区政厅建于15世纪到17世纪期间。广场对面的大门建于16世纪，是纯正的文艺复兴样式。

海洋圣母教堂
Església de Santa Maria del Mar

地图 p.85-K ✹✹

交 从地铁4号线Jaume I 站出发，步行5分钟
营 9:00~13:30、16:30~20:00，周日・节假日10:30~13:30、16:30~20:00 / 全年无休

海洋圣母教堂于1329年开始动工修建，直到1384年才正式竣工。当时，住在这一带的渔民们共同集资修建了这座教堂。教堂是加泰罗尼亚哥特风格，被人们誉为最美丽的建筑物之一。

棱角分明的墙壁、八角形的圆柱，以及建造于15~17世纪的色彩斑斓的玻璃，的确在其他地方难得一见。

加泰罗尼亚音乐宫
Palau de la Mùsica Catalana

地图 p.85-G ✹✹

交 从地铁1、4号线Urquinaona站出发，步行8分钟
营 10:00~15:30（7月・圣周期间~18:00，8月9:00~20:00）/ 全年无休 € €15（有导游陪同，全程30分钟）

哥特地区的大教堂

这是20世纪初期莫德尔尼莫斯的代表建筑大师多蒙尼克的最高杰作。音乐宫于1908年建成，内部用马赛克和花朵主题的彩色玻璃装饰，让人仿佛置身异彩空间。

音乐堂的外壁上雕刻着以巴塞罗那守护神拉蒙为首的各种雕像。对音乐感兴趣的游客可以在导游的陪同下参观，如果有机会的话，建议在这里听一场音乐会，绝对称得上是一场听觉上的盛宴。

城堡公园
Parc de la Ciutadella

地图 p.85-L ✹✹

交 从地铁1号线Arc de Triomf站出发，步行10分钟

城堡公园曾在1888年作为万国博览会的会场而闻名，占地共31公顷。公园内还建有动物园和近代美术馆。学生时代的高迪参与了纪念碑和喷泉的细节装饰的设计。高迪这些最初的设计透露着他在细

加泰罗尼亚音乐宫

节上的追求,直到现在仍被人们所夸赞。

皇家广场的街灯
Fanals de la Plaça Reial ✱✱

地图 p.84-J

交 从地铁3号线Liceu站出发,步行5分钟

极具独创性的作品,高迪的扬名之作

这是高迪从学校毕业之后最初创作的作品。当时,巴塞罗那市政府决定在城市内的各区域都修建路灯,但是这一公共事业最终并没有得到全面实施,仅仅皇家广场和帕劳广场〔Plaça Palau〕装饰了路灯。灯泡安装在精美的玻璃罩里面,外面还加上了遮挡的挡板,最外层还雕刻有精美的图饰。高迪的艺术天赋在这一作品中初见端倪。广场上有警察常驻办公处,游客们有难处的话,可以直接寻求帮助。

圣克鲁斯保罗医院
Hospital de la Santa Creu i de Sant Pau ✱✱

地图 p.83-C

交 从地铁5号线Hospital de Santa Pau站出发,步行3分钟 营 10:00~18:30(周六·周日~14:30)、11月~次年3月10:00~16:30(周日·节假日~14:30) € €8(如需导游陪同,则另外收费。大人每人€14、儿童每人€5.60) ☎ 93 553 78 01(详细参观的话需要提前预约)

巴塞罗那的大银行家巴乌·吉尔临终前留下的遗言要求修建圣克鲁斯保罗医院,由被称为"花朵建筑师"的路易斯·多蒙尼克·蒙塔内尔主持修建。自1902年开始动工以来,历经了许多次精雕细琢和耐心打

皇家广场的街灯

圣克鲁斯保罗医院

磨。但是,路易斯·多蒙尼克·蒙塔内尔在医院开建之前不幸去世,他的儿子接受父亲未完成的事业,于1930年正式将这一建筑修建完成。整个医院总建筑面积达14.5万平方米,里面总共拥有大大小小48座大楼,建筑物全部用马赛克装饰而成。医院修建得辉煌大气而不失优雅,如果不进入建筑物里面,任何人都不会想到这里至今仍是一座正在使用中的医院。1997年被列为世界文化遗产。

奎尔宫
Palau Güell ✱✱✱

地图 p.84-J

交 从地铁3号线Liceu站出发,步行5分钟 营 10:00~17:30(4~10月~20:00) 周一、1月1·6·13日、12月25·26日休息 € €12

奎尔宫是艾乌赛比·奎尔公爵的宅第,原本是宫殿的一座附属楼,但是因为奎尔对于这座建筑物情有独钟,因此被当作主体宫殿使用。

奎尔宫的地下一层是马棚,地上一层是马车库,半二层是书房,二层是会客厅,三层是寝室,四层是仆人居室和厨房。屋顶上有形状怪异的尖塔彩色烟囱,并以碎瓷拼贴装饰,在阳光的照射下有如万花筒一般,让人大呼惊奇。大门是文艺复兴式风格,内部装饰为后现代主义风格。外表看起来很

是古典，但是屋顶上的彩色烟囱以及二层中央的沙龙，都彰显着高迪设计的独创性。

巴特略之家
Casa Batlló

地图 p.84-B

🚇 从地铁2、3、4号线Passeig de Gracia站出发，步行1分钟　🕘 9:00~21:00（入场截止至20:20。举办活动期间截止至14:00）　💶 €21.50
☎ 93 216 03 06

此建筑是高迪在纺织业主府邸的基础上经过大规模改建而成的。巴特略之家修建于1904～1906年，这个时期正是希腊神殿修建之风盛行之时，当时的人们热衷于修建带有神秘宗教色彩的建筑物，

阳光照射下色彩缤纷的彩色烟囱

并且喜欢把建筑物外表修建得异常华丽。巴特略之家的样式很好地反映出了这一时期的风潮。高迪擅用瓷砖的特点很好地反映在这座建筑的设计中。

巴特略之家的外壁全部用彩色瓷砖铺成，建筑物正面是五颜六色的不规则玻璃砖和瓷片，阳光一照，折射出不同颜色的光线，再配上象征海洋的蓝色瓷砖作为海洋主题，展现了高迪独特的艺术魅力。

巴特略之家于1969年被指定为西班牙历史文化遗产，被认为是高迪最杰出的作品之一，在哥特区豪华建筑群中独放异彩。特别是夜晚，在灯火阑珊的映照

不计成本、预算、花费的情况下建造而成的奎尔宫

以帆船为主体的外浮雕

下显得格外美丽。

目前，巴特略之家内部、屋顶以及二层都是对外开放的。参观时，可以租一台音频讲解设备，有包含中文在内的8国语言的讲解。这样更会增加旅途的趣味性。馆内还设有小商店。

以海洋为基调的设计

米拉之家
Casa Milà (La Pedrera)

地图 p.85-C

🚇 从地铁3、5号线Diagonal站出发，步行1分钟　🕘 9:00~20:00（11月~次年2月9:00~18:30）/ 12月25日休息　💶 Espai Gaudí（博物馆）€16.50

米拉之家因石头堆积而成的奇特形状，也被称为"采石场"。米拉之家建在巴塞罗那的主要大街——格拉西亚大街的对面，拥有两座中庭，还有一座地下马车库。它是一座装饰精美的优质住宅。每一层都有4间屋子，总面积达到400平方米。最上层是保存有高迪作品的平面图，被称为"高迪空间"（Espai Gaudí）的博物馆。在米拉之家的屋顶上，有不同于奎尔宫烟囱的有趣装饰。

卡尔维特之家
Casa Calvet

地图 p.85-G

🚇 从地铁1、4号线Urquinaona站出发，步行3分钟

卡尔维特之家是高迪的作品之一，建于1898年至1900年间。卡尔维特是奎尔的朋友，是一位经营纺织业、财力雄厚的实业家。高迪将卡尔维特之家的一层设计为卡尔维特的办公室，二层为卡尔维

巴塞罗那

特的住宅,三层以上当作公寓出租。

卡尔维特之家的一层现在是一家地中海美食高档餐厅,游客不仅可以在餐厅里欣赏高迪设计的家具,还能享受大厨烹制的美味料理(13:00~15:30、20:30~23:00,周日、节假日休息)。除了外观,高迪还花费了很多心思设计一层和二层的家具装饰,特别是座椅的设计,既美观又舒服。高迪以其设计的椅子相当著名。一部分家具目前保存在奎尔公园内的高迪纪念馆中。

米拉之家的外观是白色波浪形

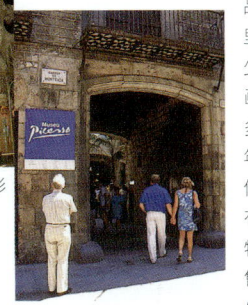

游客络绎不绝的毕加索博物馆

也创作了不少优秀作品,比如《侍女》(Las Meninas)、《鹰》(Los Pinchones)等系列作品。除此之外,这里还展示有毕加索少年时代创作的版画、陶器及素描等多幅作品。展厅每年都要举行多场名作展会。一楼还设有咖啡厅和毕加索物品专卖店,专门售卖一些与毕加索生平有关的小物件。

毕加索博物馆
Museu Picasso

地图 p.85-K ★★★

交 从地铁4号线Jaume I 站出发,步行10分钟
营 9:00~19:00(周四~21:30)/ 周一、1月1日、5月1日、6月24日、12月25、26日休息
€ €11(美术展另计) ☎ 93 256 30 00

巴塞罗那毕加索博物馆是一家中世纪的优美宅邸,它位于哥特地区最中心位置,地处孟加达大街(Calle de Montcada),有着幽静的庭院、华丽的墙壁和窗棂,洋溢着中世纪的贵族气息。博物馆本身是由哥特式建筑风格的贵族官邸改建而成,共有3层。

这里收集了毕加索早期和晚年的多幅作品。这些作品中,以《初圣体礼拜》(La primera Comunion)、《科学与慈善》(Ciencia y Caridad)、《小丑》(Arlequin)等作品最为著名。毕加索晚年

从卡尔维特之家一楼的餐厅进入,可以参观其内部家具装饰

安东尼·塔比埃斯美术馆
Fundació Antoni Tàpies

地图 p.84-B ★★

交 从地铁2、3、4号线Passeig de Gráca站出发,步行5分钟
营 10:00~19:00 / 周一、1月1、6日、12月25日休息
€ €7 ☎ 93 487 03 15

安东尼·塔比埃斯于1923年出生于巴塞罗那,是西班牙加泰罗尼亚地区现代美术绘画大师。安东尼·塔比埃斯美术馆内陈列着他一生的作品,包括绘画、雕刻、版画等。馆内还有图书室、艺术品商店、艺术品展示厅等场所。整个建筑的顶部有不规则的铁丝状物体交叉重叠在一起,显得纷繁杂乱。

创作初期作品已然很有吸引力

这座造型奇特的建筑物是莫德尔尼斯莫的旗手——多蒙尼克·蒙塔内尔的作品。

弗雷德里克·马雷斯美术馆
Museu Frederic Marés

地图 p.85-G ✲✲

交 从地铁4号线Jaume I站出发，步行5分钟
营 10:00~19:00（周日·节假日11:00~20:00）/ 周一、1月1日、5月1日、6月24日、12月25日休息 € €4.20 ☎ 93 256 35 00

由旧时王宫的一部分改建而成，里面展示着出生于加泰罗尼亚的雕刻家弗雷德里克·马雷斯的全部藏品。美术馆的二层展出公元前的雕刻作品，包括从伊比利亚半岛到中世纪的各种作品，共计400多件。其中以宗教题材木雕最为珍贵。三层陈列着从15世纪到19世纪贵族风雅奢华生活的象征，扇子、伞、餐具等。还展示有珠宝藏品。其收藏数量之多、质量之精美令人叹为观止。

巴塞罗那现代艺术博物馆
Museu D'Art Contemporani de Barcelona

地图 p.84-F ✲✲✲

交 从地铁1、2、3号线Catalunya站出发，步行10分钟 营 11:00~19:30（周六10:00~21:00、周日·节假日10:00~15:00）/ 周二休（节假日正常对外开放） € €8 ☎ 93 412 08 10

马雷斯个人藏品展

巴塞罗那现代艺术博物馆于1995年正式对外开放，其整体建筑为纯白色，共有4层，内部用透明玻璃装饰，显得大气典雅。取其全称的首字母，简称为马克巴（MACAB）。美术馆内陈列、展示着米罗、塔比埃斯等艺术大师的杰出美术作品。对艺术感兴趣的游客一定要来这里看一看。

巴塞罗那历史博物馆
Museu D'História de la Ciutat

地图 p.85-K ✲

交 从地铁4号线Jaume I站出发，步行5分钟
营 周二~周六10:00~19:00、周日10:00~20:00、节假日10:00~14:00 / 周一·1月1日·5月1日·6月24日·12月25日休息 € €7 ☎ 93 256 21 00

巴塞罗那历史博物馆原本是加泰罗尼亚阿

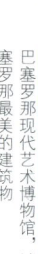

巴塞罗那现代艺术博物馆，被称作是巴塞罗那最美的建筑物

拉贡王室居住的宫殿,建于15世纪。后在搬迁过程中地下发现了罗马时代的城墙壁遗址、公共浴场遗址以及水道遗迹等。当时市政府为了保存古代历史文化建筑,将发现的古建筑遗址按照原样保留下来,并在此基础上建成了文物建筑保护区。巴塞罗那历史博物馆正是在此基础上发展而来的。馆中陈列和收藏着罗马时代的遗迹、钟表和陶瓷器皿等历史文物。

海洋博物馆
Museu Marítim

地图 p.84-J

交 从地铁3号线Drassanes站出发,步行5分钟
营 10:00~20:00(最晚入馆时间19:30)/ 12月25・26日、1月1日・6日休息 € €2.50
☎ 93 342 99 20

海洋博物馆中陈列、摆放着大航海时代的船只装饰品,以及根据历史文献还原成的船只模型等珍贵历史文物。勒班陀海战中的战船复制品制作得惟妙惟肖。其中,世界上最强大的旗舰"皇家方舟"号非常值得玩味,其设计图也保存得非常完好。

蜡像馆
Museu de la Cera

地图 p.84-J

交 从地铁3号线Drassanes站出发,步行3分钟
营 周一~周五10:00~13:30、16:00~19:30(周六・周日・节假日11:00~14:00、16:30~20:30)、夏季10:00~22:00/全年无休
€ €15 ☎ 93 317 26 49

这里展示着古今东西方名人的蜡像,总计300多座。

巴塞罗那自然博物馆
Museu de Ciències Naturals de Barcelona

地图 p.85-L

交 从地铁1号线Arc de Triomf站出发,步行7分钟
营 10:00~19:00(周日・节假日~20:00)/ 周一休 € €6(植物园€3.50)
☎ 93 256 22 00

巴塞罗那自然博物馆由生物标本博物馆和植物园组成。生物标本博物馆以各种各样的昆虫标本和展览为大家所熟知。

巴塞罗那历史博物馆的外观极具历史厚重感

Sightseeing 观光

巴塞罗那北部
North Barcelona

以巴塞罗那的对角线大道为中心轴，其北部的大片地区被称作新市区。新市区内集中了大型商业购物中心以及豪华住宅区。这里的风景完全不同于哥特区和兰布拉斯大街，展现在世人眼前的是巴塞罗那的另一番面貌。

奎尔公园、高迪博物馆
Parc Güell, Casa Museu Gaudí

地图 p.82-B

🚇 从地铁3号线Lesseps站或Vallcarca站出发，步行15分钟；或者从巴士站Parc Güell出发即可到达　🕐 8:00～21:00（10月27日～次年3月23日8:30～18:00、3月24日～4月30日8:00～20:00）/全年无休　高迪博物馆：8:00～20:00（5月1日～9月14日～21:30、10月27日～次年3月23日8:30～18:00）　💶 奎尔公园€8、高迪博物馆€6.30

奎尔公园是高迪的守护神——巴塞罗那富商艾乌塞比·奎尔（Eusebi Güell）伯爵计划建立的一个社区。奎尔公园是伊斯兰建筑风格，安详宁静，总共占地15万平方米，里面建有中央广场、街道、房屋、管理办公室等场所。

高迪的设计空间多采用曲线元素

从奎尔公园向外眺望，可以看到地中海地区的绝美风貌

一进入公园的大门，右手边是看守人小屋，左手边是管理办公室。因其梦幻般的外观也被人们称作"糖果之家"。中央广场被五颜六色的彩色瓷砖拼成的长椅所包围，在阳光的照射下五彩缤纷，让人有身处梦境的感觉。在这里游客可以眺望到巴塞罗那的美丽景观。石阶上有著名的马赛克彩龙喷泉和市场天花板，是必看的景点。现在公园已经对外开放。高迪曾经居住过的地方也已经被改建为博物馆，并对外开放。高迪曾经睡过的床铺、家具和餐具也都完好地保存于此。

文生之家
Casa Vicens

地图 p.87-H

■仅能参观其外部
🚇 从地铁3号线Fontana站出发，步行5分钟

这是高迪的处女作。因为其资助者是瓷砖实业家，所以整栋房子采用了大量的瓷砖作为装饰。

文生之家的院子里种着茂密的棕榈树及大片的黄色花草。铁门以棕榈树为主题，并采用了黄色鲜花图案的瓷砖，与院内的景色相映成趣。外部墙壁是绿、白色相间的松树图案瓷砖装饰，非常美观。

食堂的天花板和窗棂，以及吸烟室的瓷砖墙壁上都画满了康乃馨图案的装饰。

文生之家的门外，黄色的小花朵爬满了整个外墙

巴塞罗那

美景房（菲格拉斯官邸）
Bellesguard

地图 p.82-A ✳✳

■仅可参观外部
🚇从加泰罗尼亚铁路Tibidabo站出发，步行20分钟

现为私人府邸

　　美景房原址是联合王国最后的一任国王马尔提王的离宫。马尔提王卸任之后，美景房在离宫基础上修建而成。整个建筑采用哥特式建筑风格，采用高迪最惯用的建筑手法，用建造时开采出的山石作为建筑的外观材料，既融入了自然，又美化了外部结构，做到了美观和自然的统一协调，极具高迪建筑特色，实在是一举两得。

　　"Bellesgurad"在加泰罗尼亚语中是绝美风景的意思。确实名副其实，登上美景房的高地，可以俯瞰整个新市区的景色，大好风光一览无余。

　　美景房也叫作菲格拉斯官邸，但这个名称用得很少。

圣特蕾莎学院
Collegi de les Teresianes

地图 p.86-B ✳✳

🚇从加泰罗尼亚铁路La Bonanova站出发，步行5分钟　🕐每年的10月~次年6月对外开放，而且只接待旅游团，散客需要提前预约　☎93 212 33 54

　　圣特蕾莎学院的最初修建者并没有完

高迪的得意之作

成整个建筑，仅仅完成了底楼和一楼。之后，高迪接手了修建任务。前任建筑师采用的是罗马风格，而高迪采用的是穆德哈尔风格。整个学院共有4层，红砖为主要建筑材料，且将红砖的拼接结构和图案作为装饰。高迪在这里首次使用了4根十字架装饰，它在之后的作品中也多次得以运用。二层的连续抛物线拱门设计非常著名，是高迪的得意手笔。现在这里作为女子学院使用。

奎尔别墅
Finca Güell

地图 p.82-E ✳

🚇从地铁3号线Maria Cristina站出发，步行10分钟　🕐周六、周日仅限带导游的旅游团（10:15英语、11:15加泰罗尼亚语、12:15英语、13:15西班牙语）　💶€6

　　奎尔别墅位于巴塞罗那郊外，原是属于奎

加泰罗尼亚大学建筑系建在奎尔别墅内

101

Sightseeing 观光

尔家族的避暑住所,这是高迪为奎尔设计的第一件作品。而且高迪还亲手设计制作了看守小屋、马厩和大门。其中正面的"龙之门"由炼铁制成,以在希腊神话中出现的飞龙为题材,非常有名。龙忠于职守,大门采用龙的造型,寓意着龙是别墅的守护神。门柱顶端的装饰应该是苹果,但因为这里是柑橘的产地,所以换成了柑橘。

米拉雷斯庄园之门
Porta de la Finca Miralles

地图 p.86-A ❋❋

🚇 从地铁3号线Maria Cristina站出发,步行5分钟

高迪的弟子苏格拉尼斯设计完成了主体结构。但目前,主体结构已经不复存在,只剩下高迪设计完成的大门和屏障部分。残破的大门被砖瓦碎片覆盖,露出的屋顶形状类似蘑菇。

科洛尼亚奎尔教堂
Iglesia de la Colonia Güell

地图 p.82-I外 ❋❋

🚇 从加泰罗尼亚铁路Colonia Güell站出发,步行10分钟　🕐 5~10月10:00~19:00、11月~次年4月10:00~17:00,周六、周日、节假日10:00~15:00/12月25日、26日和1月1日、6日以及圣周期间休息　💶 €7

纺织实业家奎尔当年把纺织工厂迁移到这片土地上,以谋求更大的发展。与此同时,数量庞大的从业人员也移居到此,随后一些住宅、学校、商店和教堂等公共设施也相继修建起来。

1898年,高迪受奎尔邀约,开始着手设计这座教堂。高迪以"逆向悬挂"为基础理念,

充分发挥庄园地形条件,融合大自然特征,是高迪的最高杰作之一

在开建前做了大量的建筑模型,花费了精密的心思做了各种各样的建筑实验,总共花费了10年时间用以前期理论构建。1908年,高迪开始着手修建这座精心雕琢后的庄园,但是6年后带着未能完成的遗憾撒手而去。这所庄园里,高迪实际建造的部分仅仅只有地下圣堂,教堂的主体部分尚未竣工。整个教堂以高迪的标志性设想"顺应大自然的曲线"为基础,修建于斜坡之上,构思相当巧妙。

教堂内部常驻着管理人员,引导游客们参观高迪这一未完成的大作,详细介绍庄园模型。庄园内部,高迪亲手设计的创意性座椅完好地保留了下来,游客们可以自由坐下,休憩、体验一番。

巴塞罗那足球俱乐部博物馆
Museu FC Barcelona President Nuñez

地图 p.82-I ❋❋

🚇 从地铁5号线Collblanc站出发,步行5分钟　🕐 10:00~18:30(4月14日~10月12日和12月22日~30日9:30~19:30)/12月25日休息　💶 €23(包含参观体育场)　☎ 90 218 99 00

巴塞罗那足球俱乐部博物馆位于诺坎普体育场内。诺坎普体育场是西班牙足球强队——巴塞罗那足球队的主场。巴塞罗那足球体育馆位于其入口处。博物馆以视听设备、图片、实物等方式,采用3D电影、触摸屏等高科技手段,介绍俱乐部的历史。博物馆内还陈列着足球队不同时期的杂志、报

巴萨足球队的光辉历史尽在眼前

巴塞罗那

纸以及具有纪念意义的服饰、奖杯、奖牌等，球迷们一定会感觉不虚此行。

蒙锥克地区
Montjuïc

蒙锥克地区位于城市西南部的山丘之上。这里地形较高，可以体验到一览众山小的感觉。蒙锥克地区也有许多观光景点，比如奥林匹克体育场和纪念公园、米罗美术馆、加泰罗尼亚美术馆等。

米罗美术馆
Fundació Joan Miró ✽✽✽

地图 p.82-J

交 从地铁Parc de Montjuic站出发，步行1分钟 营 周二、周三、周五、周六10:00～19:00（7～9月至20:00），周四10:00～21:30，周日、节假日10:00～14:30/周一休息 € €11 ☎ 93 443 94 70

近现代米罗美术馆

米罗美术馆坐落在蒙锥克山丘之上，在顶端可以远眺整个巴塞罗那市景。它是由加泰罗尼亚的伟大美术家米罗倾尽一生的财富建造而成的。米罗在这座美术馆中倾注的不仅仅是财富，更有深深的感情。他特意委托好友何塞·路易斯·塞尔特设计此馆，整个美术馆与周围郁郁葱葱的绿色环境融为一体，能充分吸收阳光的天窗极具开放感。馆内珍藏米罗的作品，包含主题建筑、椅子雕塑等共300多件。

但这座美术馆绝不仅仅只展出收藏品。在现代艺术史上地位重要的米罗，生前希望为艺术家创造一个良好的环境，因此美术馆除定期举办画展推广现代美术外，也为无名艺术家提供了展览场所，致力于培养青年一代艺术人才。

加泰罗尼亚美术馆
Museu Nacional d'Art de Catalunya ✽✽✽

地图 p.82-J

交 从地铁1、3号线Espanye站出发，步行10分钟 营 10:00～18:00（5～9月～20:00），周日·节假日10:00～15:00/周一、1月1日、5月1日、12月25日休息 € €12 ☎ 93 622 03 76

加泰罗尼亚美术馆由1929年举办万国博览会的会场改建而来，1934年正式对外开放。开馆之前，毕加索专门前来参观，给出了"对于想要理解西方美学之根源的探求者来说，这里是掌握其本质的教学场所"的高度评价。

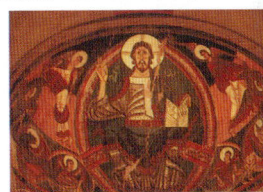

加泰罗尼亚罗马式代表壁画——《全能基督教》

这里珍藏着加泰罗尼亚地区中世纪珍贵的罗马式美术与壁画精品。

天花板和墙壁上雕刻的绘画作品大都得到了很好的复原，画作的内容也很好理解。其中，《全能的基督教》是艺术评价极高的珍品。这幅作品发现于比利牛斯山脉一带，并由克莱门特教堂转送到此。2004年，收藏在城堡公园近现代美术馆内的藏品也全部转移至此，极大地丰富了加泰罗尼亚美术馆的馆藏数量。在这里，大家可以欣赏到从中世纪直至现当代的全部类型的艺术品。

加泰罗尼亚美术馆是艺术爱好者必去参观的景点之一

馆内随处可见个性十足的艺术品

103

Eating 美食

地中海料理（北部）

图塞特
Tuset

地图 p.87–G

🚇 从地铁3、5号线Diagonal站出发，步行10分钟　✉ Tuset,27　☎ 93 200 91 29　🍴 13:00~16:00、20:00~23:30　休 周日晚上　€ €50~

装饰现代的潮流餐厅

本店主要提供地中海传统菜系。鳕鱼料理、巴塞罗那风味的煮干豆、意大利菜系都非常好吃，值得一去。

海鲜餐厅（北部）

波塔福迈罗
Botafumeiro

地图 p.87–H

🚇 从地铁3号线Fontana站出发，步行6分钟　✉ Gran de Gracia,81　☎ 93 218 42 30　🍴 12:00至次日1:00　休 全年无休　€ €70~

悠闲、安静的高级海鲜餐厅

每天的鱼贝类产品都是从加利西亚海捕捞上来直接空运来的，非常新鲜。名贵海鲜套餐50欧元。需要提前预订。

原创料理（兰布拉斯大街）

芳达
Fonda España

地图 p.84–J

🚇 从地铁3号线Liseu站出发，步行3分钟　✉ Calle Sant Pau 9-11　☎ 93 550 00 10　€ €30~　🍴 13:00~15:30、20:00~23:00　休 周日晚上、节假日晚上

平日中午套餐27欧元

位于备受好评的莫德尔尼斯建筑样式的西班牙酒店的一层。是马丁·贝拉萨特基（西班牙米其林三星级大厨）一手打造的7星级餐厅。

加泰罗尼亚料理（北部）

齐科亚
Chicoa

地图 p.87–K

🚇 从地铁1、2号线Universita站出发，步行10分钟　✉ Aribau,73　☎ 93 453 11 23　🍴 13:30~15:30、20:30~23:30　休 周一晚上、周日、节假日、8月的第3周、圣周期间　€ €40~

加泰罗尼亚传统菜名店

该餐厅经营加泰罗尼亚地区的传统风味菜品。番茄味的煮菜、铁板烧和杂烩等组成的套餐19.50欧元。各种烤制的小点心（6.30欧元）当作饭后甜点是个非常不错的选择。

加泰罗尼亚料理（兰布拉斯大街）

加尔德尼亚
Gardunya

地图 p.84–F

🚇 从地铁3号线Liseu站出发，步行3分钟　✉ Jerusalem,18　☎ 93 302 43 23　🍴 7:00~24:00　休 周日·节假日（冬季周日下午休息）　€ €13~

以新鲜食材而著称

这是一家百年老店，在当地非常出名。每天都有套餐，包含面包、葡萄酒、甜点在内的午餐13.9欧元，晚餐16.5欧元。

西班牙海鲜饭（巴塞罗那）

坎马约
Can Majo

地图 p.83–K

🚇 从地铁4号线Barceloneta站出发，步行10分钟　✉ Almirall Aixada,23　☎ 93 221 54 55　🍴 13:00~16:00、20:00~23:30　休 周一·周日晚上　€ €30~　HP www.canmajo.es/

美味的美国菜餐厅

该餐厅最初是因为鱼贝类菜肴而闻

巴塞罗那

名。推荐菜肴是鱼贝类海鲜汤（14.87欧元）（2人份）。该餐厅的价格不贵，一般来说，两个人花35欧元就可以吃得非常好。

海鲜餐厅（巴塞罗那）

海滩之家 Can Costa

地图 p.83-K

交 从地铁4号线Barceloneta站出发，步行10分钟
✉ Passeig Joan de Barbo,70
☎ 93 221 50 43　营 12:30~16:00、20:00~23:30　休 周日晚上·周三　€ €35~

边欣赏大海边品尝美食

1922年开业，拥有将近百年历史。建在海边，并且以蓝色地中海风格为装饰基调。在当地非常有名，许多赫赫有名的斗牛士和演员都是这里的常客。推荐海鲜料理18.15欧元（1人份）。

海鲜餐厅（巴塞罗那）

虾王
El Rei De La Gamba

地图 p.83-K

交 从地铁4号线Barceloneta站出发，步行9分钟
✉ Passeig Joan de Barbo,46~48,53
☎ 93 225 64 00　营 10:00~次日1:30　休 全年无休　€ €30~　HP www.elreydelagamba.com/

该店名叫虾王

整体分为两个店铺1号店和2号店，它们紧临，店面很大。店铺前

面有一个巨大的水槽，大个头的虾、螃蟹在里面游来游去。盐烤虾22.98欧元/份。当30只大虾摆在面前的时候，甚至会让人有种压迫感。

海鲜餐厅（巴塞罗那）

帕克·阿尔卡尔德
Paco Alcalde

地图 p.83-K

交 从地铁4号线Barceloneta站出发，步行10分钟　✉ Almirall. Aixada,12　☎ 93 221 50 26　营 12:30~17:00、20:00~24:00　休 周二　€ €30~　HP www.pacoalcalde-restaurante.com

1921年创业的老字号餐厅，传承至第三代

一进餐厅就能

够感受到美食的活力与魅力。特色菜是海鲜类虾仁、鲍鱼混炒（13.32欧元），以及扇贝料理（24.43欧元）。

加泰罗尼亚料理（哥特区）

奥古特
Agut

地图 p.85-K

交 从地铁4号线Jaume I站出发，步行10分钟
✉ Gignas,16　☎ 93 315 17 09　营 13:30~16:00、20:30~23:30　休 周日晚上·周一·8月　€ €40~　HP www.restaurantagut.com

一边欣赏壁画一边用餐

餐厅位于哥特地区的巷弄深处，是一家传统特色的加泰罗尼亚美食餐厅。餐厅内的氛围轻松自在。周二~周五

餐厅会推出特色套餐，15.01欧元。推荐菜肴是干鳕鱼料理，19.14欧元。

加泰罗尼亚料理（哥特区）

洛斯·卡拉克莱斯
Los Caracoles

地图 p.84-J

交 从地铁3号线Liceu站出发，步行8分钟
✉ Escudellers,14　☎ 93 301 20 41
营 13:15~24:00　休 全年无休　€ €25~

开放式厨房是其显著特征

餐厅的前面部分是酒吧，穿过开放式厨房后，是环境幽雅、气氛安静的用餐区。加泰罗尼亚特制美食12.65欧元。

加泰罗尼亚料理（北部）

丽塔
La Rita

地图 p.85-C

交 从地铁2、3、4号线Passeig de Grácia站出发，步行3分钟　✉ Calle Arago,279
☎ 93 487 23 76　营 13:00~15:45、20:30~23:30　休 12月24·25日　€ €8.95~

平民价格的加泰罗尼亚传统菜肴

该餐厅位于格拉西亚大道上，价格不贵，

味道却很地道。餐厅不接受预订。供应套餐,包含面包、饮品、甜点在内,每天更换菜肴内容,仅需10.03欧元(含税)。

咖啡餐厅(兰布拉斯大街)
拉伊艾
Laie

地图 p.85-G

交 从地铁1、3号线Catalunya站出发,步行2分钟 ✉ Pau Claris,85 ☎ 93 318 17 39 营 周一~周五9:00(周六6:00)~21:00、午餐时段为13:00~16:00 休 周日·节假日 € €14.80~

可以边看书边用餐的餐厅

一层是书店,二层是咖啡厅和餐厅。13:00~16:00时段,餐厅提供14.8欧元的套餐。另外,还有不带前菜的简餐(12.75欧元)。

蔬菜自助餐(兰布拉斯大街)
弗莱斯克
Frescco

地图 p.84-F

交 从地铁2、3、4号线Passeig de Gràcia站出发,步行3分钟 ✉ Rda.Universitat,29 ☎ 93 301 68 37 营 12:00~次日1:00 休 12月25·26日、1月1日·6日 € €9.95~ HP www.frescco.com/

素菜专门店

素菜汤羹、水果、冰激凌、咖啡、红茶等菜肴和饮品丰富,是自助式餐厅,游客们可尽情享用中意的菜肴。午间消费为9.95欧元起(含税)。

芝士美食(哥特地区)
我的奶酪
Cheese Me

地图 p.85-K

交 从地铁4号线Jaume I站出发,步行2分钟 ✉ Plaza Jacint Reventos en el Born(Frente a C/Argenteria,53) ☎ 93 268 11 21 营 12:00~次日2:00 休 全年无休 € €30~40 HP www.cheeseme.org/

美味奶酪专卖店

不管是汤羹还是甜点都采用上等的奶酪制作而成。奶制品爱好者的必去,而对于不怎么喜欢奶酪的食客,店里也精心准备了一些甜点和小吃,满足食客的不同需求。

咖啡(兰布拉斯大街)
歌剧院
Òpera

地图 p.84-J

交 从地铁3号线Liceu站出发,步行2分钟 ✉ La Rambla,74 ☎ 93 317 75 85 营 8:30~次日2:30 休 全年无休 HP www.cafeoperabcn.com/

欣赏完歌剧的好去处

该店位于里塞乌歌剧院的对面,外观十分漂亮。店铺入口附近的特等坐席位置比较好,因为坐在这里可以欣赏到对面街区的热闹景色。在欣赏完优雅的歌剧之后,不妨来此坐一坐。

咖啡(哥特地区)
四只猫
4Gats

地图 p.85-G

交 从地铁1、4号线Urquinaona站出发,步行5分钟 ✉ Calle Montsio,3-bis ☎ 93 302 41 40 营 8:00~次日1:00 休 全年无休 HP www.4gats.com/

毕加索青睐的咖啡厅

该店仿照19世纪末期巴黎的咖啡名店"黑猫"而建成,一开业,就成为巴塞罗那名流们经常光顾的时尚艺术场所。毕加索、米罗等都曾经光顾过这里。

咖啡(哥特地区)
茶餐厅
Caj chai

地图 p.84-J

交 从地铁4号线Jaume I站出发,步行7分钟 ✉ St.Do-mènec Call,12 ☎ 93 301 95 92 营 10:30~22:00(周一15:00~22:00) 休 1月1日

巷弄深处的优雅休憩场所

该店是一家茶馆,以产自于中国大陆、中国台

湾、印度等地的茶叶品种为主,共有100多种。店内摆放着20世纪50~60年代的古旧沙发。店内禁止吸烟,摒除一切杂味,以便客人静心品茶。

甜点咖啡(北部)

可可之家
Cacao Sampaka

地图 p.84-B

交 从地铁2、3、4号线Passeig de Grácia站出发,步行2分钟 ✉ Consell de Cent, 292 ☎ 93 272 08 33 营 周一~周六9:00~21:00(咖啡厅~20:30) 休 周日

巧克力爱好者的食品宝库

以巧克力为主的甜品店,总共拥有超过72种味道的巧克力,其中,水果巧克力、果仁巧克力是该店的特色产品。推荐甜品是冷冻巧克力(3.60欧元)。

酒吧(蒙锥克)

洛丽塔
Lolita Taperia

地图 p.84-E

交 从地铁3号线Pobre Sec站出发,步行2分钟 ✉ Tamarit,104 ☎ 93 424 52 31 营 19:00~24:00(周四~2:00,周五·周六13:00~16:00、19:00~次日2:30) HP www.lolitataperia.com € €25~30

人气很高的酒吧

当地一家非常有名的娱乐性场所。酒水种类非常丰富,啤酒、白酒、葡萄酒、鸡尾酒一应俱全。该酒吧还提供各色小吃,其中意大利小吃是光顾此处顾客选择最多的食品之一。

酒吧(兰布拉斯大街)

伊拉奇
Irati

地图 p.84-J

交 从地铁3号线Liceu站出发,步行2分钟 ✉ Calle Cardenal Casañas,17 ☎ 93 302 30 84 营 11:00~次日0:30 休 全年无休

葡萄酒和小吃非常美味

该店的特色小吃是面包饼,即在长长的面包上撒上各种各样的果

蔬粒。店内还有超过50种以上的饮品,啤酒一杯1.95欧元左右。

酒吧(北部)

TAPAS24
Tapas 24

地图 p.85-C

交 从地铁2、3、4号线Passeig de Grácia站出发,步行2分钟 ✉ Diputació,269 ☎ 93 488 09 77 营 9:00~24:00 休 周一 € €20~

顶级酒吧

店内除了酒水之外,还有各种小吃、甜点、炖菜类等。快餐小吃的种类一天一换,很值得期待。

巴斯克风格酒吧(哥特地区)

毕尔巴鄂
Bilbao Berria

地图 p.85-K

交 从地铁4号线Jaime I站出发,步行2分钟 ✉ Argenteria,6 ☎ 93 269 04 58 营 13:00~24:00(周五·周六12:00~次日1:00、12月25日·31日~20:00) 休 全年无休 € €12~ HP www.bilbaoberria.com

烤串和甜点共计80种

柜台上一字排开的烤串每个1.70欧元。根据自己喜好随意挑选,坐在吧台上尽享美食,结账时根据签子数量进行结算。

啤酒(北部)

西乌达·康达尔
Ciudad Condal

地图 p.84-F

交 从地铁2、3、4号线Passeig de Grácia站出发,步行5分钟 ✉ Rambla de Catalunya,18 ☎ 93 318 19 97 营 8:00~次日1:30 休 12月24日·25日 € €20~

独特的比萨式西班牙小吃

这家店是巴塞罗那比较有特色的酒吧之一,有产自各国的酒水,比萨式西班牙小吃是招牌美味。总共有12种沙拉可供选择。意大利沙拉非常受欢迎。

Shopping 购物

时尚（哥特地区）
SYSTEM ACTION
System Action

地图 p.84-F

🚇 从地铁3号线Liceu站出发，步行4分钟
✉ Av.Porta-ferrissa,12　☎ 93 301 25 26
🕙 10:00~20:00　🚫 周日

巴塞罗那的时尚女装店

该精品服装店在巴塞罗那的年轻女孩中人气很高，经常有演员、明星光顾。是深受欢迎的人气品牌。

皮革制品（北部）
罗意威
Loewe

地图 p.84-B

🚇 从地铁2、3、4号线Passeig de Grácia站出发，步行1分钟　✉ Passeig de Grácia,35　☎ 93 216 04 00
🕙 10:00~20:30　🚫 周日　🌐 www.loewe.es/

最具代表性的西班牙品牌

该品牌时装店于1847年开业，是西班牙王室的御用服装品牌。与其他服装的一般染色方法不同，该店的衣服并不是将染料喷在皮革上之后靠温度熨烫而染色，而是将皮革浸泡在染料中，经过长时间的慢慢浸泡而成，染成的颜色更加柔和，也更加饱满。抚摸上去，也会感觉更有质感。

皮鞋&箱包（哥特地区）
比亚里斯
Vialis

地图 p.85-K

🚇 从地铁4号线Barceloneta站出发，步行5分钟
✉ Vidrieria,15　☎ 93 319 94 91　🕙 10:30~21:00
🚫 周日·节假日　🌐 www.vialis.es/

个性、时尚的鞋店

该品牌诞生于1996年，是西班牙最出名的女士皮鞋、箱包专卖店。鞋子全部采用上等皮革精心设计而成，每一款鞋子都很有特色。

时尚（北部）
阿道夫·多明格斯
Adolfo Domínguez

地图 p.87-K/L

🚇 从地铁3、5号线Diagonal站出发，步行2分钟
✉ Passeig de Grácia,32　☎ 61 966 02 77
🕙 10:00~20:30　🌐 www.adolfodominguez.com/

天然材质、设计优雅的人气时装店

优美的流线设计是该品牌的最大优点。在巴塞罗那共有16家分店。

箱包（哥特地区）
贝亚特里斯·福莱斯特
Beatriz Furest

地图 p.85-K

🚇 从地铁4号线Jaumel站出发，步行4分钟
✉ Esparteria,1　☎ 93 268 37 96
🕙 11:00~21:00　🚫 周日·节假日、12月25·26日、1月1·6日　🌐 www.beatrizfurest.com

设计师是一对加泰罗尼亚姐妹

所有箱包类商品的材质均以牛、羊皮革为主，分量不会太重，日常购物或者外出、赴宴都可以使用。皮包169欧元起。除了箱包之外，还有一些设计精美的皮带和挂饰。

皮鞋（北部）
看步
Camper

地图 p.84-B

🚇 从地铁2、3、4号线Passeig de Grácia站出发，步行3分钟　✉ Valencia,249　☎ 93 215 63 90
🌐 www.camper.com/

西班牙当地品牌鞋店

该店以休闲鞋为主，设计样式平民化、简单化，穿在脚上很舒服，价格也不是很贵，一般老百姓都能买得起。这是西班牙当地品牌之一。鞋子为130欧元左右起价。

巴塞罗那

时尚（北部）

马西莫·都提
Massimo Dutti

地图 p.84-B

交 从地铁2、3、4号线Passeig de Grácia站出发，步行2分钟　✉ Rambla de Catalunya,60
☎ 93 488 33 32　营 10:00~21:00　休 周日
HP www.massimodutti.com/

西班牙人气品牌

该品牌在西班牙非常大众，价格也比较平民化。服装设计非常经典，适合各年龄段的人群穿着。最初该品牌主营男士服装，但是最近也开始不断有女性服装问世。

鞋子（北部）

卡斯塔尼
Cristina Castañer

地图 p.87-K

交 从地铁3号线Diagonal站出发，步行1分钟　✉ Rosselló,230　☎ 93 414 24 28
营 10:00~20:30　休 周日·节假日

穿着舒适的鞋子

西班牙知名女鞋品牌卡斯塔尼的特点在于其独特的手工草编鞋底。在卡斯塔尼家族成员克里斯蒂娜的带领下，现已由传统经典的帆布鞋向时尚女鞋方向发展。这里不只有她原创的女鞋，更有包包、饰品等。

时尚（北部）

芒果
Mango

地图 p.87-L

交 从地铁2、3、4号线Passeig de Grácia站出发，步行2分钟　✉ Passeig de Grácia,65
☎ 93 215 75 30　营 10:00~21:00　休 周日
HP www.mango.com/

亚洲人也喜欢的服饰品牌

该品牌的服装因其年轻时尚化的设计和合理的价格，很受年轻人的青睐。仅在巴塞罗那就有13家分店。

时尚（北部）

REPLAY
Replay

地图 p.85-C

交 从地铁2、3、4号线Passeig de Grácia站出发，步行2分钟　✉ Passeig de Grácia,60
☎ 93 467 72 30　营 10:00~20:45
休 周日·节假日　HP www.replay.it/

源自意大利的时尚品牌

主要经营牛仔裤、毛衣、休闲鞋等服饰类产品。设计风格比较休闲，紧跟时尚潮流，深得年轻人的青睐。

时尚（兰布拉斯大街）

德诗高
Desigual

地图 p.84-F

交 从地铁1、3号线Catalunya站出发，步行1分钟　✉ Rambla de Canaretas,136　☎ 93 343 77 67　营 10:00~21:00（周五、周六~22:00，周日11:00~20:00）　休 节假日

个性潮牌

店名在西班牙语中是"不一样"的意思，该品牌以其大胆前卫的印染、别具特色的设计风格而受到欢迎。这条街上的140号是它的分店。

时尚（兰布拉斯大街）

巴适卡
Bershka

地图 p.85-G

交 从地铁1、3号线Catalunya站出发，步行5分钟　✉ Portal del Ángel,15-17　☎ 93 302 01 04
营 10:00~22:00　休 周日·节假日
HP www.bershka.com

西班牙时尚品牌，ZARA的姊妹品牌

一层是女装，二层是男装和童装。因其设计时尚前卫、价格适中，很受年轻人的喜爱。在巴塞罗那市内有16家分店。

商店（兰布拉斯大街）

英国宫百货商店
El Corte Inglés

地图 p.85-G

🚇 从地铁1、3号线Catalunya站出发，步行1分钟
✉ Plaça de Catalunya,14　☎ 93 306 38 00
营 10:00~22:00　休 周日
HP www.elcorteingles.es/

西班牙唯一的也是最大的购物连锁商场

该购物中心占地面积广大，一层是土特产商品专卖店，地下一层是超市，地下二层为货币兑换处。想要购买西班牙特色点心或食品的话，这里绝对是个好去处。

购物中心（北部）

莉莉娅
L'illa

地图 p.86-E

🚇 从地铁3号线Maria Cristina站出发，步行10分钟
✉ Avenida Diagonal,557　☎ 93 444 00 00
营 10:00~21:30　休　HP www.lilla.com/

店铺集中的大型购物中心

西装店、化妆品店、鞋店、精品店、书店、CD店等等各种商店应有尽有。另外还设有旅游代理店和餐厅，给游客们提供了很大的便利。

购物中心（兰布拉斯大街）

艾尔·特里安格尔
El Triangle

地图 p.84-F

🚇 从地铁1、3号线Catalunya站出发，步行1分钟
✉ Plaça de Catalunya,1-4　☎ 93 318 01 08
营 10:00~22:00　休 周日

三角形建筑物内独一无二的购物体验

有卡佩尔、马西莫·都提等多家女性喜爱的服装品牌专卖店。除了服装，还有化妆品、饰品、家具、书、CD等商品。购物中心内还专门为逛街逛累的顾客们准备了休闲沙发以及咖啡厅。

购物中心（北部）

布尔巴瓦德·洛萨
Bulevard Rosa

地图 p.84-B

🚇 从地铁2、3、4号线Passeig de Gràcia站出发，步行2分钟　✉ Passeig de Gràcia,51~55
☎ 93 215 83 31　营 10:30~21:00　休 周日·节假日　HP www.bulevardrosa.com/

让人流连忘返的时尚购物中心

位于帕赛奥德格拉西亚大道对面的大型商业购物中心。里面集中了服装类、饰品类等50多家个性店铺。

商店（北部）

宾松
Vinçon

地图 p.85-C

🚇 从地铁3、5号线Diagonal站出发，步行5分钟
✉ Passeig de Gràcia,96　☎ 93 215 60 50
营 10:00~20:30（周六10:30~21:00）　休 周日

市级文化遗产建筑

从家具到文具、玩具、绘画作品，该日用杂货店的商品应有尽有。

文具店（哥特地区）

帕比鲁姆
Papirvm

地图 p.85-K

🚇 从地铁4号线Jaume I站出发，步行2分钟
✉ Baixada de la Libreteria,2　☎ 93 310 52 42
营 周一~周五10:00~20:30，周六10:00~14:00，17:00~20:30　休 周日

书香浓郁的文房用品店

略显拥挤的店内，摆满了文房用品，书香味十足。店内商品主要为绘画、艺术脸谱、书本、墨宝等，一套文房用品价格在16欧元左右。

陶器（哥特地区）
1748
1748

地图 p.85-K

交 从地铁4号线Jaume I站出发,步行5分钟
✉ Placeta de Montcada,2　☎ 93 319 54 13
营 10:30~20:30　休 12月25日

玲珑的店内满是可爱的陶器

该店位于毕加索博物馆大道上,是一家陶器专卖店。产自安达卢西亚的小碟子只要2.5欧元就可买到。这里也是购买旅行礼物的好去处。陶瓷表、陶瓷人偶都特别可爱。

陶器・工艺（哥特地区）
艾斯卡德艺术
Art Escudellers

地图 p.84-J

交 从地铁3号线Liceu站出发,步行7分钟　✉ Calle Escudellers,23-25　☎ 93 412 68 01　营 11:00~23:00
休 全年无休　HP www.escudellers-art.com

汇集西班牙各地精品器皿

从各地淘来的陶瓷器皿、陶瓷工艺品、画作及玻璃工艺品到出自陶艺师傅之手的精致陶器等等,汇集了9 000多件作品。

家具杂货・家具（北部）
阿比塔
Habitat

地图 p.87-G

交 从地铁3、5号线Diagonal站出发,步行8分钟
✉ Diagonal,514　☎ 93 415 44 55　营 10:00~21:00
休 周日　HP www.habitat.net

巴塞罗那种类最齐全的杂货铺

这里是巴塞罗那最齐全的杂货铺,主营装饰品和日用杂货。在欧洲其他各个国家也都开有分店。一层是厨具用品卖场,二层是沙发、窗帘等大型家具及家居装饰品卖场。

家具・家庭用品（北部）
皮尔玛
Pilma

地图 p.87-K

交 从地铁3、5号线Diagonal站出发,步行3分钟
✉ Diagonal,403　☎ 93 416 13 99
营 10:00~14:00、16:30~20:30　休 周日
HP www.pilma.com/

家具和家庭用品的大型卖场

一层是家具,二层是家庭用品。10 000多件商品陈列其中。50%~60%的商品都是该店的独创设计。

蛋糕（兰布拉斯大街）
埃斯克里巴
Escriba

地图 p.84-J

交 从地铁3号线Liceu站出发,步行3分钟
✉ Rambla de les Flors,83　☎ 93 301 60 27
营 9:00~21:00　休 圣诞节、1月6日下午
HP www.escriba.es

莫德尔尼斯莫的点心屋

店内共有10种巧克力、15种BOMB-ONER,还有精心制作的水果点心也非常美味,人气很高。店铺最里面还有温馨的用餐区,布置得精致浪漫。招牌巧克力30个17.50欧元。

蛋糕（哥特地区）
法尔加斯
Fargas

地图 p.85-G

交 从地铁3号线Liceu站出发,步行5分钟　✉ Carrer Del Pi,16　☎ 93 302 03 42　营 周一~周五9:30~13:30
(周六10:00~14:00)、16:00~20:00　休 周日
HP www.xocolatesfargas.com

手工制作的巧克力老店

创业于1827年的老牌巧克力名店。使用可可精心研磨而成,味道醇厚正宗。全部巧克力都是按重量来结算。店内推出一种总共有8种Bomboneria口味的巧克力套装,用来当作礼物再合适不过。

Stay 住宿

兰布拉斯大街周边

西班牙 ESPAÑA
地图 p.84–J　★★★★
- 交 从地铁3号线Liceu站出发，步行5分钟
- ✉ Calle Sant Pau,9–11
- ☎ 93 550 00 00　FAX 93 550 00 07
- £ S€170.50~　T€170.50~　室 82
- HP www.hotelespanya.com/

鲁·麦里迪安 LE MERIDIEN BARCELONA
地图 p.84–F　★★★★
- 交 从地铁1、3号线Catalunya站出发，步行4分钟
- ✉ La Rambla,111
- ☎ 93 318 62 00　FAX 93 301 77 76
- £ S€209~　T€209~　室 233
- HP www.starwoodhotels.com/

皇家酒店·兰布拉斯 ROYAL RAMBLAS
地图 p.84–F　★★★★
- 交 从地铁1、3号线Catalunya站出发，步行3分钟
- ✉ Ramblas,117
- ☎ 93 301 94 00　FAX 93 317 31 79
- £ S€114~　T€114~　室 119
- HP www.royalramblashotel.com

里沃利·兰布拉 RIVOLI RAMBLA
地图 p.84–F　★★★★
- 交 从地铁1、3号线Catalunya站出发，步行3分钟
- ✉ Ramblas,128
- ☎ 93 481 76 53　FAX 93 317 50 53
- £ S€135~　T€139.5~　室 126
- HP www.hotelserhsrivolirambla.com/

东方酒店 ATIRAM ORIENTE
地图 p.84–J　★★★
- 交 从地铁3号线Liceu站出发，步行3分钟
- ✉ Ramblas,45
- ☎ 93 302 25 58　FAX 93 412 38 19
- £ S€95.68~　T€95.68~　室 147
- HP www.orienteatiramhotels.com/

蒙特卡洛 MONTECARLO
地图 p.84–F　★★★
- 交 从地铁3号线Liceu站出发，步行3分钟
- ✉ Ramblas,124
- ☎ 93 412 04 04　FAX 93 318 73 23
- £ S€64.00~　T€176.70~　室 55
- HP www.montecarlobcn.com/

哥特地区周边

科隆酒店 COLÓN
地图 p.85–K　★★★★
- 交 从地铁4号线Jaume I站出发，步行4分钟
- ✉ Avenida de la Catedral,7
- ☎ 93 301 14 04　FAX 93 317 29 15
- £ S€110.5~　T€170~　室 141
- HP www.colonhotelbarcelona.com/

格兰大酒店 GRAN HOTEL BARCINO
地图 p.85–K　★★★★
- 交 从地铁4号线Jaume I站出发，步行3分钟
- ✉ Jaume I,6
- ☎ 93 302 20 12　FAX 93 301 42 42
- £ S€104.0~　T€104.0~　室 68
- HP www.gargallo-hotels.com/

里亚尔特 RIALTO
地图 p.84–J　★★★
- 交 从地铁3号线Liceu站出发，步行4分钟
- ✉ Carrer de Ferran,40–42
- ☎ 93 318 52 12　FAX 93 318 53 12
- £ S€80~　T€80~　室 205
- HP www.gargallo-hotels.com/

苏索 SUIZO
地图 p.85–K　★★★
- 交 从地铁4号线Jaume I站出发，步行1分钟
- ✉ Plaza del Ángel,12
- ☎ 93 310 61 08　FAX 93 315 04 61
- £ S€80.0~　T€80.0~　室 59
- HP www.gargallo-hotels.com/

贾尔德 JARDI
地图 p.84–F　★★
- 交 从地铁3号线Liceu站出发，步行4分钟
- ✉ Plaça Sant Josep Oriol,1
- ☎ 93 301 59 00　FAX 93 342 57 33
- £ S€90~　T€90~　室 40
- HP www.eljardi-barcelona.com/

巴黎之家 PARIS
地图 p.84–J　★★
- 交 从地铁3号线Liceu站出发，步行1分钟
- ✉ Cardenal Casañas,4
- ☎ 93 301 37 85　FAX 93 412 70 96
- £ T€75.0~　室 42
- HP www.hostalparis_bcn.com

巴塞罗那

格拉西亚周边

马杰斯提克 MAJÉSTIC
地图 p.85–C ★★★★★
- 交 从地铁2、3、4号线Passeig de Gracia站出发，步行3分钟
- Passeig de Gràcia,68
- ☎ 93 488 17 17　FAX 93 488 18 80
- £ S€224.10~　T€224.10~　室 275
- HP www.hotelmajestic.es/

克拉丽丝 CLARIS
地图 p.85–C ★★★★★
- 交 从地铁2、3、4号线Passeig de Gracia站出发，步行5分钟
- Pau Claris,150
- ☎ 93 487 62 62　FAX 93 215 79 70
- £ S€167.20~　T€167.20~　室 124
- HP www.derbyhotels.es/

阿维诺套房酒店 SUITES AVENUE
地图 p.84–B ★★★★
- 交 从地铁3、5号线Diagonal站出发，步行5分钟
- Passeig de Gràcia,83
- ☎ 93 445 25 20　FAX 93 445 25 21
- £ S€181.50~　T€181.50~　室 41
- HP www.derbyhotels.com

巴塞罗那伯爵 CONDES DE BARCELONA
地图 p.85–C ★★★★
- 交 从地铁2、3、4号线Passeig de Gracia站出发，步行5分钟
- Passeig de Gràcia,73–75
- ☎ 93 445 00 00　FAX 93 445 32 32
- £ S€148.5~　T€148.5~　室 126
- HP www.condesdebarcelona.com/

卡尔德隆 CALDERÓN
地图 p.84–F ★★★★
- 交 从地铁2、3、4号线Passeig de Gracia站出发，步行5分钟
- Rambla Catalunya,26
- ☎ 93 301 00 00　FAX 93 412 41 93
- £ S€123.28~　T€123.28~　室 255
- HP www.nh-hotels.com/

阿莱克桑德拉 ALEXANDRA
地图 p.84–B ★★★★
- 交 从地铁2、3、4号线Passeig de Gracia站出发，步行5分钟
- Mallorca,251
- ☎ 93 467 71 66　FAX 93 488 02 58
- £ S€153~　T€153~　室 116
- HP www.diagonalhotels.com/

新街区

卡尔罗斯一世之家 REY JUAN CARLOS 1
地图 p.82–E外 ★★★★★
- 交 从地铁3号线Zona Universitaria站出发，步行5分钟
- Avenida.Diagonal,661–671
- ☎ 93 364 40 40　FAX 93 364 42 32
- £ S€108.41~　T€108.41~　室 432
- HP www.hrjuancarlos.com/

索菲亚王妃 PRINCESA SOFÍA
地图 p.82–E ★★★★★
- 交 从地铁3号线Maria Cristina站出发，步行3分钟
- Plaça Pius XII, 4
- ☎ 93 508 10 50　FAX 93 292 79 60
- £ S€110.55~　T€120.45~　室 500
- HP www.princesasofia.com/

卡萨富思特酒店 CASA FUSTER
地图 p.87–L ★★★★★
- 交 从地铁3、5号线Diagonal站出发，步行5分钟
- Passeig de Gràcia,132
- ☎ 93 255 30 00　FAX 93 255 30 02
- £ S€168.3~　T€168.3~　室 105
- HP www.hotelescenter.com

希尔顿酒店 HILTON BARCELONA
地图 p.86–E ★★★★★
- 交 从地铁3号线Maria Cristina站出发，步行3分钟
- Avenida Diagonal,589–591
- ☎ 93 495 77 77　FAX 93 495 77 00
- £ S€119~　T€119~　室 276
- HP www.hiltonhotels.com/

巴塞罗那艺术之家酒店 HOTEL ARTS BARCELONA
地图 p.83–H ★★★★★
- 交 从地铁4号线Ciutadella Vila Olimpica站出发，步行3分钟
- Carrer de la Marina,19–21
- ☎ 93 221 10 00　FAX 93 221 10 70
- £ E€250　D€250　室 482
- HP www.ritzcarlton.com/

桑兹酒店 BARCELÓ SANTS
地图 p.86–I ★★★★
- 交 从地铁3、5号线Sants Estació站出发，步行3分钟
- Pl.Paisos Catalans,s/n. Estació de Sants
- ☎ 93 503 53 00　FAX 93 490 60 45
- £ S€104~　T€104~　室 378
- HP www.barcelosants.com/

给高迪带来创作灵感的绵延奇岩
蒙特塞拉特 MONTSERRAT

■可从巴塞罗那到此一日游

　　蒙特塞拉特位于巴塞罗那西北方大约60千米处，宁静的田园风景中耸立着灰白色的岩石山，形成了一道不可思议的风景线。蒙特塞拉特在西班牙语中是"锯齿山"的意思。

　　山海拔1 235米。11世纪时，山中建起了一座修道院和大教堂，自古就被看作是基督教的圣地，以加泰罗尼亚为中心，西班牙全国各地的信徒都来到这里朝圣，是当时加泰罗尼亚人的信仰圣地。

　　修道院中，还有和黑面圣母玛利亚雕像齐名的少年合唱团，他们会在弥撒时为人们带来美妙的歌声。除了周六、4月上旬、圣周期间以及7月外，会在平日的13:00，周日和节假日的12:00、18:45举行弥撒合唱演出。晚上也有演出，但是晚间索道是停运的，所以建议您在此留宿或乘坐出租车返回住处。

前往蒙特塞拉特的交通方式　　地图：p.7-D
铁路▶从巴塞罗那的埃斯帕尼亚车站乘坐加泰罗尼亚火车，约需1小时。中途在Montserrat Aeri站下车换乘登山索道，或者可以在前一站的Monistrol de Montserrat换乘登山索道，到达修道院。
巴士▶巴士从巴塞罗那的桑兹车站出发，1天发车1次，约需1个小时。

蒙特塞拉特

前往海拔976米的圣胡安礼拜堂（Sant Joan），可以乘坐空中索道。10:00~17:30(7月中旬~9月上旬至18:50、11月~次年3月为10:00~16:30)，往返票9欧元。礼拜堂仅保留以下几处遗迹。乘坐空中索道可以眺望蒙特塞拉特的空中美景。

 **修道院** ◆地图 p.114
Monestir de Monserrat
营 7:30~20:00 / 全年无休
€ 免费

■黑面圣母玛利亚雕像

修道院位于山脉中腹725米左右的地方，在拿破仑战争中曾一度被毁坏，后来在19~20世纪经过一系列的重建，形成了今天的模样。

在这里不可错过的景点就是黑面圣母玛利亚雕像（La Moreneta）。12世纪时，人们在距离修道院30分钟路程的圣克巴洞穴（Santa Cova）中发现了这一雕像，并将其重现展现

发现黑面圣母玛利亚雕像的圣克巴洞穴

在世人面前。据说玛利亚的雕像在最初修建时并不是黑色的，但是经过信徒们长期的供奉，黑色的烛火熏黑了其容颜，成了今天的样子。

另外一个著名的景点就是被称为艾斯克拉尼亚（Escolanía）的少年合唱团。该合唱团最初成立于13世纪早期，是欧洲最古老的合唱团。合唱团由50多位少年组成，歌声清澈，一起吟唱时仿佛是天使的声音重现。

万人敬仰，被烟火熏黑的黑面圣母玛利亚雕像

 **蒙特塞拉特博物馆** ◆地图 p.114
Museu de Montserrat
营 周一~周五 10:00~17:45、周六、周日、节假日 10:00~18:45
€ €6.50

■囊括考古文物到现代美术作品

蒙特塞拉特博物馆主要展出的是与考古学相关的各种史料、文物及近代绘画作品、雕刻、金银制品等珍贵藏品。这些考古文物主要来自于古埃及、赛普洛斯等地。绘画作品的绘制时期主要集中在13~18世纪。现代绘画作品主要是毕加索、米罗等西班牙知名艺术家的名作。

阿巴特·西斯内洛斯
Abat Cisneros

地图 p.114　　★★★

从空中索道站出发，步行2分钟
Plaza del Monestir,s/n
93 877 77 01　FAX 93 877 77 24
S€43.75~　T€76~　㉒ 82
HP www.montserratvista.com/

巴伦西亚
VALENCIA

地图p.7-G

巴伦西亚市中心

巴伦西亚面朝地中海，位于加泰罗尼亚南部地区，是西班牙第三大城市。这里属地中海气候，温暖宜人。虽然城市规模很大，但是气氛却很悠闲宁静，适合于居住、旅游度假，也是西班牙海鲜饭的发源地。

ACCESS 前往巴伦西亚的交通方式
电车▶从马德里出发，约需1小时40分钟~2小时40分钟。从巴塞罗那出发，约3小时20分钟~5个小时。 巴士▶从马德里出发，约需4小时。从巴塞罗那出发，约需4小时15分钟。

ℹ️ 旅游咨询处
北车站内 周一~周五10:00~18:00、周六、周日、节假日10:00~15:00 巴士终点站内10:00~18:00、周六10:00~14:00

地区概况

巴伦西亚人口大约77万。属于地中海气候，常年温暖湿润，气候宜人。是西班牙第三大城市。城市里鲜花遍地，绿树浓荫，是著名的景观城市。也是西班牙海鲜饭和柑橘的发源地。在西班牙大米产量第一的阿尔乌费拉湖（La Albufera）周边种植着一望无际的水稻。用大米做成的海鲜饭种类丰富。

热门景点

巴伦西亚另一个让人难以忘怀的地方就是每年3月12号开始举办的为期8天的焰火节（玩偶节是从15号开始）（Las Fallas de san José）。作为西班牙三大节日中的一个，其隆重性是无可比拟的。人们用一年前就开始准备的各种大小的纸糊玩偶装饰街道，在节日深夜一起点燃玩偶。

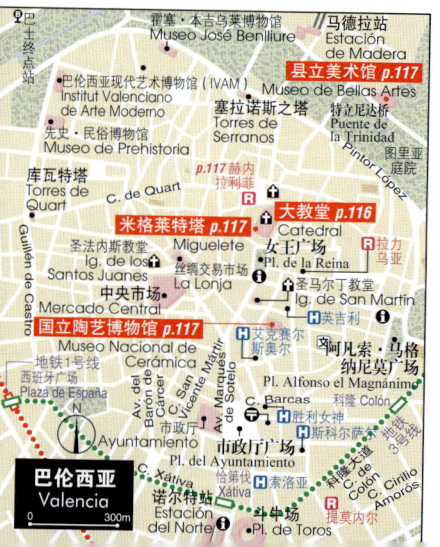

Sightseeing 观光

大教堂
Catedral

地图 p.116

✳✳

🚇 火车站出发，步行15分钟　🕐 夏季10:00~18:30（周日·节假日14:00~）、冬季10:00~17:30（周日·节假日~14:00）／全年无休　💶 €5

大教堂位于女王广场对面。1262年开始，加泰罗尼亚地区掀起了兴建伊斯兰清真寺的热潮。大教堂就始建于这一时期，经过长年的修建，工程最终于15世纪完成，历时200多年。由于修建期太长了，中间也更换过多位工程师，因此教堂内部的结构也呈现出多种样式的格局。3座大门是完全不同的风格。南面的

混合各种样式、拥有复杂外观的大教堂

艾尔·帕劳之门（Puerta del Palau）是罗马式，北侧的使徒之门（Puerta de los Apóstoles）是哥特式，而正面入口处的主建筑（Puerta de los Hirros）是巴洛克式。

米格莱特塔（教堂塔）
Miguelete(Torre del Catedral) ✹✹

地图 p.116

🚇 从火车站出发，步行15分钟　🕐 10:00~13:00、16:30~19:00／全年无休　💶 €2

米格莱特塔建在大教堂的左侧，是一座八角形的塔。1420年竣工。游客们可以入塔参观。螺旋状的石阶共有207级，而且越往上走越陡峭，要想爬到塔顶是一件非常困难的事情。塔顶建有瞭望台，并挂有巨型时钟，在这里能够看到整个巴伦西亚市的面貌。当地人亲热地将其称为米迦勒。

米格莱特塔的高度大约70米

国立陶艺博物馆
Museo Nacional de Cerámica ✹✹

地图 p.116

🚇 从大教堂出发，步行4分钟
🕐 10:00~14:00、16:00~20:00（周日·节假日10:00~14:00）／周一、1月1日、5月1日、12月24·25·31日休息　💶 €3（周六16:00~周日免费）　📞 96 351 63 92

国立陶艺博物馆收藏巴伦西亚三大陶器Paterna、Manises、Alcora总共5 000件成品。除此之外，这里还有西班牙国内外的多件珍贵陶器，是西班牙最大的陶器收藏中心。博物馆内也专门收藏了毕加索的作品。博物馆的三层是一座精美的厨房，修建于19世纪，是典型的巴伦西亚风格。

博物馆的前身是两水侯爵宫。内部装饰非常奢华，家具、装饰品是洛可可风格，大部分都保留得非常完好。博物馆大门更是气势磅礴，一定要看看。

县立美术馆
Museo de Bellas Artes ✹✹

地图 p.116

🚇 从大教堂出发，步行7分钟　🕐 10:00~19:00（周一11:00~17:00）／1月1日、12月25日休息　💶 免费　📞 96 387 03 00T

美术馆由修道院（Colegio San Pio）改建而成。在这里能够看到活跃在14~15世纪的哈克马尔特·莱伊萨求索那父子等巴伦西亚的原始画派画家所创作的祭坛画。美术馆的三楼和四楼展示了巴伦西亚当地画家索罗利亚等在19~20世纪创作的名画。作品总计超过2 000幅。

Eating 美食

海鲜饭

赫内拉利菲
El Generalife

地图 p.116

🚇 从大教堂出发，步行1分钟　✉ Caballeros, 5　📞 96 391 78 99　🕐 10:00~23:00　休 全年无休　💶 €12~

以海鲜饭而著称

这里只提供套餐，包含两种菜肴、饮料、主食和甜点，14欧元起，含税。这里的海鲜饭内容每天都不同，定会让你惊喜不断。另外，这里也提供意大利面。

格拉纳达

GRANADA　　　地图p.6-J

格拉纳达城市内伊斯兰文化与天主教文化相互融合，是一座历史文明古都。拨开笼罩在其表面的薄薄面纱，可以感受到历经沧桑变迁的淡淡忧伤。

建在山丘上的阿兰布拉宫

ACCESS　去往格拉纳达的交通方式

飞机▶从马德里出发约需1小时。从巴塞罗那出发约需1小时20分钟。从机场前往市内乘坐出租车约需20分钟，车费25～30欧元，巴士3欧元。

旅游咨询处

玛丽阿纳·皮内达广场▶9:00～20:00（冬季和周六～19:00）、周日·节假日～15:00
10:00～13:30、17:00～20:00／周日·节假日休息
TEL&FAX: 958 22 78 35　www.jp-spain.com/

地区概况

格拉纳达历史悠久，早在公元前5世纪左右，罗马人就已经来到这里，并把格拉纳达设为都城，从此这里便发展壮大起来。此后，伊斯兰教徒占领了这里。进入8世纪之后，格拉纳达的城市规模得到了进一步的扩大。世界闻名的历史遗产阿兰布拉宫就建于这一时期。在此之后直到15世纪末的250多年时间里，格拉纳达王致力于经济、文化和艺术等多领域的发展，曾经盛极一时。1492年，城市被基督教徒攻占，结束了伊斯兰长达781年的统治。城市受伊斯兰教文化的影响深厚。

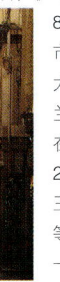

热门景点

最热门的观光景点可以说是阿兰布拉宫，是格拉纳达的必看景点。在位于阿尔瓦伊辛区最高点的圣尼古拉斯教堂（Iglesia de San Nicolas）观景台上，能够观赏到摩尔人的阿兰布拉宫的瑰丽景色。萨克罗蒙特区是吉普赛人生活的区域。很多游客会到这里来找一些吉普赛算命师占卜一下命运。大教堂坐落在王室礼拜堂西南一带，附近有不少商店和特产店，也是游客常光顾的地方。这里可以称得上是市区的中心地段。附近还有阿尔卡伊塞利亚（公共市场）和天主教两王的墓地，也是非常有名的观光景点。

格拉纳达观光助手

bono turístico granada

包含阿兰布拉宫、王室礼拜堂、大教堂、修道院等共计7所观光景点在内的入场券和乘坐观光巴士的通票非常划算。票自购买5天内有效，37.50欧元。在格拉纳达大银行（Caja Granada）处可以购得。
 http://www.granadatur.com/granada-card

this is: granada

这是一种可以随身配带的音频导游设备，介绍格拉纳达市内景点。分为CD、随身听和MP3几种形式。内容涵盖了格拉纳达市内四个区域的各个景点。其中，阿兰布拉宫的音频介绍也有外语版本的。每个设备都带有两副耳机，可以两个人同时使用。奴埃巴广场的亭子里有租借处。也可以多人租一台巡游巴士，加上音频导游设备共计43欧元。
 http://www.thisis.ws/

阿兰布拉宫由奈斯尔王朝的缔造者穆罕默德一世阿尔·格里勃于13世纪中叶在原本是城堡（阿尔卡萨）的遗址上开始建造。15世纪摩尔人被逐出西班牙后，经过后世的改造和修建，终于在第七代国王时完成（卡洛斯五世宫殿建于16世纪）。阿兰布拉宫分为四部分:奈斯尔宫殿、卡洛斯五世宫、城堡和赫内拉利菲花园。阿兰布宫的大门叫作格拉纳达门。

阿兰布拉宫

伊斯兰艺术的最高杰作

桃金娘中庭

阿尔卡萨城堡 Alcazaba

地图 p.119-B ✺✺

站在瞭望塔上眺望城堡景色

　　城堡是阿兰布拉宫最古老的部分，是奈斯尔王朝的缔造者穆罕默德一世于9世纪在罗马时代的堡垒上建造的。后来经过一系列的扩大和改建，如今我们看到的模样最终定型于13世纪。

　　最全盛时期曾有过24座塔，并建有兵库、仓库、浴场等设施。如今这里只剩下几所破败的塔和外部城墙壁、一些建筑的基盘等。但从中也还可以窥见城堡曾经的威严。

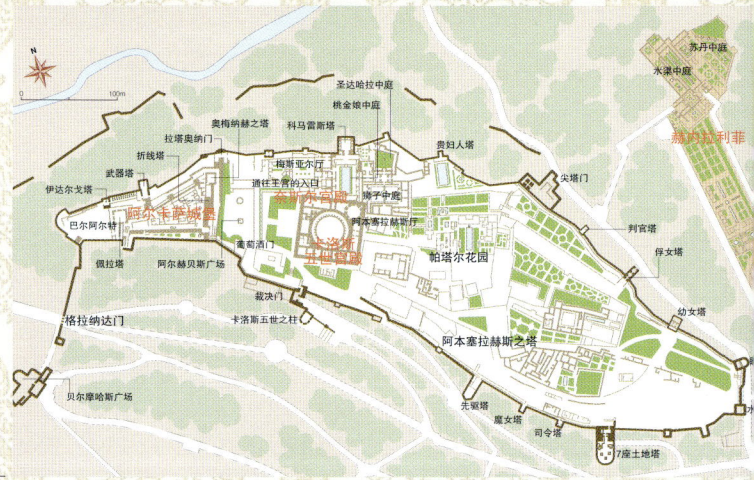

奈斯尔宫殿
Placios Nazaries

地图 p.119-B

奈斯尔宫殿建于14世纪中后期,是于斯夫一世和穆罕默德五世父子时代共同建造的,经过以后长时间的改建和扩建,成为一座大型综合宫殿。被后世称为伊斯兰文化的

上:围绕着狮子中庭的大理石拱廊
下:瓷砖、阿拉伯样式图案花纹装饰的墙壁

阿兰布拉宫的必看景点——狮子中庭

精髓,也是阿兰布拉宫中最值得观赏的一个地方。

奈斯尔宫殿有热门景点——狮子中庭。狮子中庭(Patio de los Leones)是王宫建筑中的精华部分,也是参观阿兰布拉宫必看的景点。这里是王室的后宫,除了国王之外的任何男性都不得进入。狮子中庭由四个大厅围绕而成,周围一圈都是立柱,124根立柱支撑起雕刻精美、考究的拱形回廊。拱门及走廊顶棚上的图案以及花纹相当精美。

狮子中庭的中心处有一个由12只强劲有力的白色大理石狮转圈托起的大喷泉。庭院的名字就是根据这些狮子而来的。

卡洛斯五世宫
Palacio de Carlos V

地图 p.119-B

18世纪时期,卡洛斯五世下令在紧临王宫的南侧建起了这座宫殿,成为西班牙帝国的象征性建筑。宫殿的建筑风格采用文艺复兴样式。正方形的建筑物内拥有一座圆形庭院,结构很有特色。围绕着中庭是两层高的回廊。回廊第一层的石柱是多利安柱式,第二层是爱奥尼亚柱式。

被回廊所包围的卡洛斯五世宫

赫内拉利菲
Generalife

地图 p.119-B

赫内拉利菲是奈斯尔国王避暑的夏宫,位于阿兰布拉宫东面,步行只需要10分钟。夏宫建于14世纪,如今保留下来的建筑物较少。花园层层环绕于夏宫周围,喷泉与水池点缀其间,让人在炎炎夏季倍感凉爽。

绿色浓荫、淳朴自然的赫内拉利菲

DATA

交 从奴埃尔广场出发(穿过格拉纳达门)步行20分钟,乘坐阿兰布拉宫(从新广场出发乘坐小型巴士)C3号巴士(1.20欧元)在赫内拉利菲下车即可到达。營 3月15日~10月14日8:30~20:00(晚上开放时间为周二、周六22:00~23:30)、10月15日~次年3月14日8:30~18:00(晚上开放时间为周五、周六的20:00~21:30)/1月1日、12月25日休息 €14 包含参观赫内拉利菲的费用

Sightseeing 观光

大教堂
Catedral

地图 p.119-C ★★

交 从奴埃巴广场出发,步行5分钟　营 10:45~13:30、16:00~20:00(冬季~19:00),周日・节假日16:00~20:00(冬季~19:00)　€4

大教堂是格拉纳达最大的基督教建筑。格拉纳达大教堂从16世纪开始建造,到18世纪才完工。它是一幢哥特式建筑,带有显著的文艺复兴时期的风格。教堂采用彩色玻璃装饰,特别是成为希赛埃成名作的黄金礼拜堂更是精彩绝伦。整个教堂由3个巨大的拱形组成,内部的装修富丽堂皇。内部还有天主教两位国王的画像。

庄严肃穆的大教堂

王室礼拜堂
Capilla Real

地图 p.119-C ★★★

■大教堂附属建筑　营 10:15~13:15、16:00~19:30(周日・节假日11:00~13:30、16:00~19:30),秋季~冬季时间缩短/全年无休　€4

王室礼拜堂是西班牙后期哥特式建筑的典范。王室礼拜堂里埋葬着西班牙的英雄——天主教双王伊萨贝尔和费尔南多。16世纪初期,在两位国王的授意下,王室礼拜堂开始修建,直到两个人的孙子查理五世时期才完成。它先于大教堂落成,现在和大教堂一起组成了市中心最亮丽的一道风景线。礼拜堂内用于装饰的铁栅栏都镶有黄金。礼拜堂正中央铁栅栏对面的两座大理石台就是这对传奇人物的陵寝。石棺上雕刻着王室的族徽、狮子等图案,非常华丽。他们的女儿胡安娜公主和丈夫费利佩王的石棺并排放在另一边。

天主教两王长眠的王室礼拜堂

阿尔瓦伊辛
Albaicín

地图 p.119-C ★★

交 从奴埃巴广场出发,步行5分钟

阿尔瓦伊辛位于阿兰布拉宫以北的山丘上。这里是格拉纳达最古老的地区,修建时期早于阿兰布拉宫,曾经是格拉纳达国王的住所。山顶有许多笔直的石板道路直通山脚,像是放射线一般。阿尔瓦伊辛的道路错综复杂,就像迷宫一样,让人摸不着方向。奴埃巴广场一带有许多洞穴酒吧和阿拉伯茶馆、烧烤店等。山顶附近有一座圣尼古拉斯教堂(Iglesia de San Nicolás)瞭望台,在这里可以清楚地看到以内达华山为背景的阿兰布拉宫。

阿尔瓦伊辛的街景和圣古拉斯教堂(右上)

卡尔特哈修道院
Monasterio de la Cartuja

地图 p.119-E ★★

交 从大教堂出发,乘坐出租车10分钟;从格兰比亚出发,乘坐8号巴士10分钟　营 10:00~13:00、16:00~20:00(冬季15:00~18:00)　€4

卡尔特哈修道院位于格拉纳达市北部。因西班牙巴洛克美术独特的、丘里格拉风格的装饰而闻名。白色的石膏精雕、礼拜堂内蜿蜒的金色石柱、螺旋状的墙壁装潢以及奇形怪状的雕像、复杂的装饰形成了一个不可思议的空间。

Eating 美食

格拉纳达

西班牙料理

克尼尼
Cunini

地图 p.119-C

交 位于麦尔卡德（市场）旁边　✉ Plaza de la Pescadería,14　☎ 958 25 07 77　營 12:00~16:00、20:00~24:00　休 周日晚上・周一　€ €45~　HP www.marisqueriacunini.es/

门庭若市的海鲜餐厅

餐厅大门的左手边是一个小吧台，往里面走去就是装饰精致的用餐区。因为靠近地中海，格拉纳达盛产海鲜，这里的海鲜料理种类丰富，味道鲜美。推荐菜肴有鲜虾沙拉和油炸丸子。

西班牙料理

齐吉特
Chikito

地图 p.119-D

交 位于堪比约广场对面　✉ Plaza del Campillo,9　☎ 958 22 33 64　營 13:00~16:00、20:00~23:30　休 周三・12月25日・1月1日　€ €20~30　HP www.restaurantechikito.com/

洛尔迦和法利亚曾经光顾过

这是一家格拉纳达的传统料理名店，拥有上百年的历史。每到夏天，这里还会设立露天座席。一进入餐厅，最引人注目的就是墙壁上

悬挂着的名人照片。炸鳕鱼17.95欧元，套餐22.95欧元。可预约。

酒吧

洞穴餐厅
Las Cuevas

地图 p.119-C

交 从奴埃巴广场出发，步行5分钟（阿尔瓦伊辛地区内）　✉ Caldereria Nueva,30　☎ 958 22 35 51　營 11:00~23:00　休 全年无休　€ €10~

冬暖夏凉的洞穴酒吧餐厅

"CUEVA"在西班牙语中是洞穴的意思。店如其名，该餐厅确实建在一处地下洞穴内。内部装饰得简朴大方，桌子和椅子都是朴素的木质原料，让人有种回归原始的感觉。

Shopping 购物

食品・百货

美狄埃波
Me Dievo

地图 p.119-C

交 位于大教堂旁边　✉ Placeta Diego de Siloe s/n　☎ 686 24 28 57　營 9:00~21:30（冬季~20:30）　休 12月25日、1月1日　HP www.medievogranada.com

格拉纳达葡萄酒和橄榄油

这里的商品主要是以混合茶叶为主，并拥有100种以上的茶叶、香料、巧克力、蜂蜜、肥皂、芦荟膏等。这些物品都产自格拉纳达。红茶100g2欧元左右。

Stay 住宿

阿兰布拉宫殿

格拉纳达国营酒店　PARADOR DE GRANADA	交 位于阿兰布拉宫内　✉ Real de la Alhambra,s/n　☎ 958 22 14 40　U 958 22 22 64　€ S€200~　T€200~　室 40　HP www.parador.es/
地图 p.119-B　★★★★★	
阿兰布拉宫酒店　ALHAMBRA PALACE	交 从阿兰布拉宫入口旁边的侧门进入，步行5分钟　✉ Pl.Arquitecto García de Paredes,1　☎ 958 22 14 68　FAX 958 22 64 04　€ S€107.10~　T€117.00~　室 126　HP www.h-alhambrapalace.es/
地图 p.119-D　★★★★	

科尔多瓦

CORDOBA

地图p.6-J

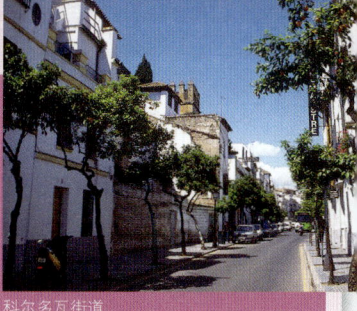

在欧洲处于黑暗的中世纪时代，伊斯兰教传入了科尔多瓦，城市以此为契机走上繁荣发展的道路。曾有过人口多达100万人的盛世时期。现在的科尔多瓦是一个悠闲安静的城市，但是从中世纪遗留下来的诸多建筑中还是可以窥见当时的胜景。

TRE

科尔多瓦街道

ACCESS **去往科尔多瓦的交通方式**

铁路▶从马德里出发需1小时40分钟~2小时。从塞维利亚出发需45分钟~1小时20分钟。 巴士▶从马德里出发约需4小时45分钟。从格拉纳达出发需2小时30分钟~3小时50分钟。

旅游咨询处

阿尔卡萨城堡前▶9:00~14:00、16:30~19:00
腾迪利亚斯广场▶9:00~14:00、17:00~19:30
火车站▶9:00~14:00、17:00~19:30

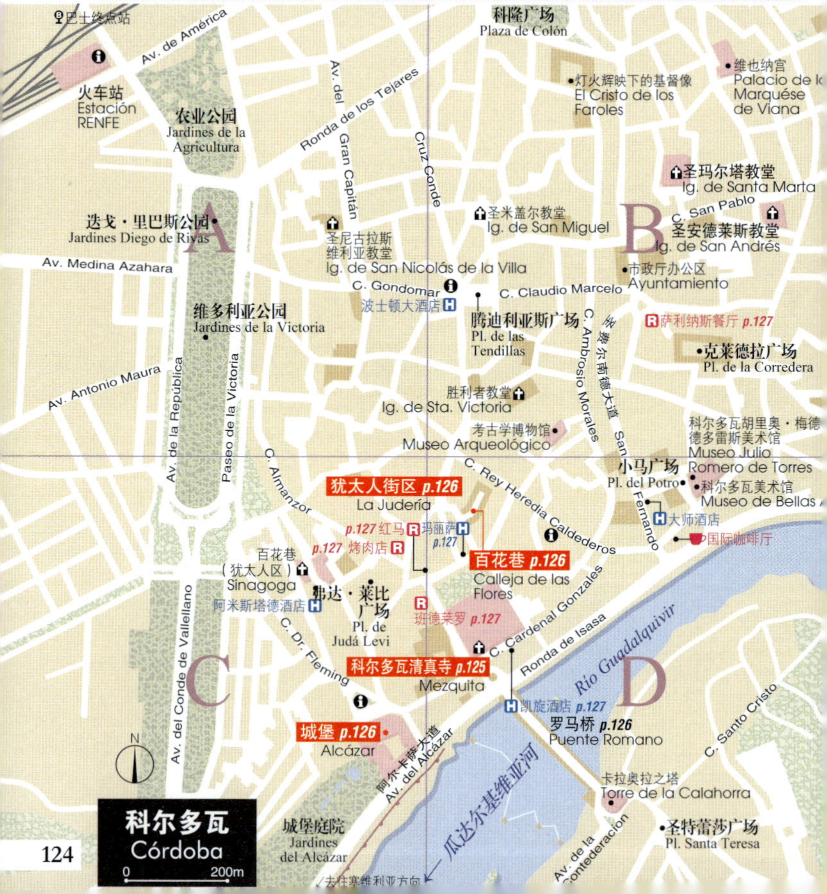
巴士终点站
Av. de América
火车站
Estación RENFE
农业公园
Jardines de la Agricultura
Av. del Gran Capitán
Ronda de los Tejares
Cruz Conde
科隆广场
Plaza de Colón
灯火辉映下的基督像
El Cristo de los Faroles
维也纳宫
Palacio de la Marquése de Viana
圣玛尔塔教堂
Ig. de Santa Marta
迭戈·里巴斯公园
Jardines Diego de Rivas
A
圣尼古拉斯维利亚教堂
Ig. de San Nicolás de la Villa
圣米盖尔教堂
Ig. de San Miguel
B
C. San Pablo
圣安德莱斯教堂
Ig. de San Andrés
市政厅办公区
Ayuntamiento
Av. Medina Azahara
C. Gondomar
C. Claudio Marcelo
波士顿大酒店
维多利亚公园
Jardines de la Victoria
腾迪利亚斯广场
Pl. de las Tendillas
萨利纳斯餐厅 p.127
克莱德拉广场
Pl. de la Corredera
C. Ambrosio Morales
圣费尔南德大道
San Fernando
Av. Antonio Maura
Av. de la República
Paseo de la Victoria
胜利者教堂
Ig. de Sta. Victoria
考古学博物馆
Museo Arqueológico
科尔多瓦胡里奥·梅德罗雷斯美术馆
Museo Julio Romero de Torres
小马广场
Pl. del Potro
科尔多瓦美术馆
Museo de Bellas
C. Almanzor
犹太人街区 p.126
La Judería
C. Rey Heredia
Caldederos
p.127 红马
玛丽萨 p.127
大师酒店
国际咖啡厅
p.127 烤肉店
百花巷 p.126
Calleja de las Flores
百花巷（犹太人区）
Sinagoga
非达·莱比广场
Pl. de Judá Levi
阿米斯塔德酒店
班德莱罗 p.127
C. Dr. Fleming
C. Cardenal Gonzales
Ronda de Isasa
Río Guadalquivir
C
科尔多瓦清真寺 p.125
Mezquita
D
凯旋酒店 p.127
罗马桥 p.126
Puente Romano
Av. del Conde de Vallellano
城堡 p.126
Alcázar
阿尔卡萨大道
Av. del Alcázar
瓜达尔基维亚河
C. Santo Cristo
卡拉奥拉之塔
Torre de la Calahorra
N
城堡庭院
Jardines del Alcázar
圣特蕾莎广场
Pl. Santa Teresa
Av. de la Confederación
去往塞维利亚方向
科尔多瓦
Córdoba
0
200m

科尔多瓦

地区概况

科尔多瓦曾是公元前罗马时代的殖民地，也是安达卢西亚的中心城市。

公元415年，西哥特人入侵西班牙，科尔多瓦成为统一的西班牙都城托莱多的附属地区。公元711年伊斯兰教徒入侵西班牙，大马士革倭马亚王朝的最后继承人阿卜杜勒·拉赫曼在此定都，自称统治者。科尔多瓦作为王朝的中心城市得到了飞跃式的发展。科尔多瓦在929年达到最鼎盛时期，成为伊斯兰世界最强盛的首都，人口超过了100万，清真寺多达300座。

之后，倭马亚王朝逐渐走向分裂。经过收复失地运动之后，伊斯兰教徒逐渐离开了这片土地，科尔多瓦也逐渐走向了衰败。现在的科尔多瓦是一个人口不足30万人的中型城市，环境幽静。但是，行走在科尔多瓦的大街小巷，不时可以看见倭马亚王朝时期残留下来的建筑和房屋，从这些斑驳点点又不失古典气质的大型历史文物中，可以感受到这个城市历史演变的足迹。

克莱德拉广场

热门景点

清真寺是伊斯兰教徒修建的，也是科尔多瓦的地标性建筑，是来这里旅游的必看景点。大清真寺附近有两所旅游咨询处。清真寺的后面是犹太人街区。顺着窄小的巷弄往深处走，道路的两旁是白色墙壁的房屋，越往里走，道路也变得越来越错综复杂。但是整个街区面积并不大，即使迷路了，也能很快找到出去的方向。

从大清真寺沿瓜达尔基维亚河向下游走5分钟左右，就到达了小马广场。广场附近有几个比较有名的景点——科尔多瓦美术馆、考古学博物馆、塞万提斯曾经居住过的小马客栈。

Sightseeing 观光

科尔多瓦清真寺
Mezquita

地图 p.124-C ✱✱✱

🚆 从火车站出发，步行20～25分钟 🕙 10:00～19:00（冬季～18:00），周日·节假日8:30～11:30、15:00～19:00（冬季～18:00）次年3月～10月的周一～周六、11月～次年2月的周五、周六晚上也营业，晚间门票€18 / 全年无休 € €8

"Mezquita"在西班牙语中是清真寺（伊斯兰寺院）的意思。科尔多瓦清真寺是公元780年由开创后倭马亚王朝的阿卜杜勒·拉赫曼一世下令开始修建的，历经数代才建造完成。此后为了适应科尔多瓦发展的步伐，清真寺先后进行了3次扩建，为了充分确保占地面积，将原本面向麦加方向的壁龛（Mihrab）的左右对称的平衡感打破。

穿过免罪门，信徒们在橘树庭院（Patio de los Naranjos）中的阿尔曼萨

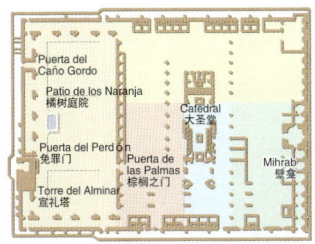

清真寺建造过程　■ 拉赫曼一世785年完工　■ 哈卡姆二世961年扩建
　　　　　　　■ 拉赫曼二世848年扩建　■ 哈利发希什姆二世987年扩建

混合了伊斯兰教和基督教风格的清真寺

水池中净身，然后从棕榈之门（Puerta de las Palmsa）进入清真寺。如今水池已经不复存在，只留下了一座水井。入口部分是清真寺最古老的建筑。为了分散承重，高高的圆形拱门甚至高出了天花板，采用红白线条设计，看上去非常漂亮。白色的石头和红色的砖也与之相呼应。壁龛是第二次扩建时改造的。正面、侧面和天花板上都雕刻有精美的花纹图案。

建筑物的中央区域有一座大教堂，是卡洛斯五世于16世纪增建的。

犹太人街区和百花巷
La judería y Calleja de las Flores
地图 p.124-C/D ✳✳✳

交 从清真寺出发，步行3分钟

犹太人街区在清真寺的西北部，是一些像迷宫一样的错综复杂的小巷。西面的城墙附近有一座犹太人教堂，是西班牙国内仅存的三座犹太人教堂之一（另外两座位于托莱多，参照p.70）。犹太人教堂的侧墙上雕刻有精美的石膏花纹，非常值得一看。

百花巷位于犹太区的南部，从清真寺旁边的小道步行进入即可。如同它的名字一样，百花巷两侧是白色的墙壁，墙壁上无论何时总是装点着颜色或鲜艳或恬淡的花朵。站在小巷的尽头回眸望去，清真寺大教堂的钟楼在百花丛中若隐

狭窄的小巷里鲜花盛开

若现，自己好像身在童话世界一般。在这里有很多拿着照相机拍照的游客。小道进深处有一些小的纪念品商店。

罗马桥
Puente Romano
地图 p.124-D ✳✳

交 从清真寺出发，步行2分钟

顾名思义，罗马桥修建于古罗马时代，曾经在战争中受到过破坏，在修建之后重新使用。后来，伊斯兰教徒也对该桥进行了修整，收复失地运动之后又得到了进一步的修缮，成为今天的模样。

罗马桥的对岸是卡拉奥拉之塔

城堡
Alcázar
地图 p.124-C

交 从清真寺出发，步行5分钟 🕘8:30~20:45（周一~20:30、周六~16:30、周日·节假日~14:30） €€4.5

城堡由阿方索十一世在14世纪的时候改建成的，为穆德哈尔建筑风格。费尔南多二世和伊莎贝拉女王也曾将此处作为宫殿。在1490~1821年期间这里还曾是审判基督教异端学说的宗教裁判所。城内建起了博物馆，展出罗马时代的大理石棺、古罗马镶嵌画、马赛克等文物。

鲜花盛开的城堡庭院

Eating 美食

科尔多瓦

西班牙料理

红马
El Caballo Rojo

地图 p.124-C

交 从清真寺出发，步行1分钟
✉ Cardenal Herrero,28　☎ 957 47 53 75
营 13:00~16:30，20:00~24:00　休 全年无休
HP www.elcaballorojo.com

科尔多瓦最具代表性的餐厅

这里的服务是一流的。除了能够吃到西班牙的各种传统菜肴，还能够尝到科尔多瓦的乡土菜肴。推荐菜肴是肉桂干鳕鱼，19欧元。该店自己制作的甜点也很不错。

西班牙料理

烤肉店
El Churrasco

地图 p.124-C

交 从清真寺出发，步行3分钟
✉ Calle Romero,16　☎ 957 29 08 19
营 13:00~16:00，20:00~24:00　休 8月
€ €30~　HP www.elchurrasco.com/

以葡萄酒为傲的老字号餐馆

这里不仅有味道正宗的菜肴，还珍藏着大约两万瓶葡萄酒。该餐厅的招牌菜肴是用黑鲷烹饪而成的菜肴及炸茄子（Berenjenas）。价格不贵，是很多人就餐的首选。

西班牙料理

班德莱罗
Bandolero

地图 p.124-C

交 清真寺前面　✉ Torrijos,6　☎ 957 47 64 91　营 11:30~16:00，20:00~24:00
休 全年无休　€ €20~
HP www.restaurantebandolero.com/

外国游客喜欢的人气餐厅

餐厅以前曾是一座贵族公馆，后经改建成了今天的样子。位于清真寺正前面，是一家科尔多瓦传统菜肴餐厅。餐厅有大大的庭院，可以在露天的中庭里享用午餐。餐厅还有附属酒吧。

西班牙料理

萨利纳斯餐厅
Taberna Salinas

地图 p.124-B　W

交 从腾迪利亚斯广场出发，步行3分钟
✉ Tundidores, 3　☎ 957 48 01 35　营 12:30~16:00，20:00~23:30　休 周日　€ €17~

物美价廉的乡土菜肴

1879年开业的乡土菜肴餐厅。招牌料理有炖牛尾（7.45欧元）、西红柿冷汤（6.65欧元）等。在此能品尝到正宗的科尔多瓦菜肴，而且价格适中。有外语菜单，所以点餐很方便。

Stay 住宿

老城区	凯旋酒店 EL TRIUNFO 地图 p.124-D ★★	交 从清真寺出发，步行2分钟 ✉ Corregidor Luis de la Cerda,79 ☎ 957 49 84 84　FAX 957 48 68 50 £ S€27.5~　T€33~　室 56 HP www.hostaltriunfo.com
	玛丽萨 MARISA 地图 p.124-D ★★	交 从清真寺出发，步行1分钟 ✉ Cardenal Herrero,6 ☎ 957 47 31 42　FAX 957 47 41 44 £ S€65~　T€65~　室 28 HP www.hotelmarisa.es

塞维利亚

SEVILLA 地图p.6-J

是安达卢西亚地区的中心城市,弗拉明戈舞的发源地。同时也是比才的《卡门》和罗西尼的《塞维利亚的理发师》的舞台城市。

塞维利亚大教堂

ACCESS 去往塞维利亚的交通方式

飞机▶从马德里出发约需1小时。从巴塞罗那出发约需1小时30分钟。从机场打车到市内的话约20分钟,坐机场巴士约30分钟(4欧元)。

旅游咨询处

从塞维利亚大教堂出发沿宪法大道步行2分钟
▶9:00~19:30(周末、节假日9:00~15:00)
从塞维利亚大教堂出发步行10分钟,市政厅附近▶9:00~19:30(周末10:00~14:00)

地区概况

塞维利亚早在罗马时代就已经是这一地区的主要城市了,而且一度还是西哥特王国的首都。随着8世纪后期伊斯兰势力的入侵,它得到了进一步的发展。希拉尔达塔——这一城市的标志性建筑物建于12世纪末期。1248年,卡斯蒂利亚国王费尔南多三世夺走了塞维利亚。大航海时代,塞维利亚作为与新大陆的贸易港开始繁荣起来。

热门景点

城市的中心是塞维利亚最具代表性的标志建筑——希拉尔达塔。因为在城市的每个角落都能看到它,所以你可以直接把它当成方向标,这样就不会迷路了。并且这里离塞维利亚大教堂、阿尔卡萨王宫和斗牛场也很近。从大教堂向北走2分钟便是位于市政厅北侧塞维利亚最热闹、繁华的蛇街(Sierpes)了。在这里商店、餐厅和酒吧等鳞综栉比,店内也是人来人往,络绎不绝。

大教堂东侧是圣十字大街,这里曾是犹太人的聚集地。道路错综复杂、曲曲折折很容易迷路,不过这也正是塞维利亚特色地区。

Sightseeing 观光

塞维利亚大教堂
Catedral ✳✳✳

地图p.129-D

🚌 从巴士终点站出发,步行10分钟
🕐 11:00~17:00(7·8月9:30~16:00)、周一11:00~15:30(7·8月9:30~14:30)、周日14:30~18:00/全年无休 💶 €8(包括登塔)

主体风格为哥特式的大教堂,建在原伊斯兰清真寺的旧址上。1402年开始修建,其间跨度约1个多世纪。宽116米、进深76米的塞维利亚大教堂仅次于罗马的圣彼得教堂和伦敦的圣保罗教堂,位居欧洲第三。教堂最西边的大门是圣母升天门(Puerta de la Asunción),平日里都关闭。参拜的话,一般走圣克里斯托之门(Puerta de San Criatobal)。参观的话,一般都是从正门进,但是想要欣赏教堂全貌的话还是圣母升天门最好。

正面是神职人员坐席(Coro),殿堂

西班牙最大规模的教堂

内的主礼拜堂（Capilla Mayor）与宽广的回廊相互连接。

南侧的王子之门附近还有克里斯托瓦尔·哥伦布的墓穴。哥伦布的灵柩石棺上有西班牙四古国——卡斯蒂尔、莱昂、纳瓦拉、阿拉贡的骑士雕像，仿佛正在抬起哥伦布的灵柩。

希拉尔达塔
La Giralda

地图 p.129-D ★★★

交 从巴士终点站出发，步行10分钟
€ €8（同塞维利亚大教堂）

希拉尔达塔是建在大教堂上的钟楼，高98米。12世纪末，它是伊斯兰教建筑清真寺的塔尖。所以，70米的瞭望台几乎都是独创的伊斯兰样式，上边的钟楼部分是16世纪时基督教徒们加上去的。塔顶装饰着象征"信仰胜利"的青铜女神像，因为雕像可随风转动，所以起名希拉尔达塔（风标之意）。

希拉尔达塔的顶部是瞭望台

皇家城堡
Real Alcázar

地图 p.129-D ★★★

交 从教堂出发，步行1分钟
营 4~9月9:30~19:00、10月~次年3月9:30~17:00／1月1·6日、圣周的周五、12月25日休息 € €9.50

其实这里原是伊斯兰教徒于12世纪后

墙壁上贴着瓷砖的美丽宫殿

期建造的城堡，但是现在看来当年的景象已经荡然无存。现存的建筑大部分都是14世纪中后期由暴君佩德罗一世打造的佩德罗宫殿（Palacio de Pedro el Cruel）。它的建筑风格是西班牙独特的伊斯兰穆德哈尔式。公主殿堂（Patio de las Doncellas）装饰得细腻精致，内庭周围的房间是摩尔王室的房间（Dormitorio de los Reyes Moros）、大使的房间（Salón de Embajadores），这些也是用彩色瓷砖精心装饰一番，还有美轮美奂的天花板和小巧精致的佩德罗雕像（Patio de las Muñecas），处处精彩，所以它被称为"摩尔民族王宫之姐妹"。这样说的话，

估计格拉纳达的建筑家们也曾经有可能参与过这座宫殿的修建。

按照西班牙特有的伊斯兰样式穆德哈尔风格打造的阿尔卡萨王宫的外观

慈善医院
Hospital de la Caridad

地图 p.129-C ★★

交 从教堂出发，步行5分钟 营 9:30~13:30、15:30~19:30，周日·节假日9:00~12:30 € €5

放荡不羁的唐璜原型是塞维利亚贵族米格尔·德·马尼耶罗。据说他曾仗着巨额遗产过着极尽奢靡的生活，但是当他妻子去世后，他开始痛改前非，从此过上了

塞维利亚

根据唐璜的原型人物建造的医院

苦行僧般的生活。马尼耶罗先生建造的这座医院至今还收留着一些身无居所的人。医院的教堂里悬挂着牟利罗、雷亚尔的作品。他们的作品都是以马尼耶罗信仰的"死亡"和"慈悲"精神描绘的。其中，雷亚尔的《最后时日》(*Finis Gloria Mundi*)是必看之作。

黄金塔
Torre del Oro

地图 p.129-C ✱

交 从大教堂出发，步行10分钟
营 9:30~18:45，周末、周日10:30~18:45 / 节假日・8月休息　€ €3（周二免费）

黄金塔既守护着塞维利亚港湾，又能俯瞰整个瓜达尔基维尔河。宝塔庄严威武，形状呈正十二角形。13世纪前半期伊斯兰教徒建造的这一黄金塔，从它的选址也能看出来是用来预防敌人进攻的瞭望楼。因为塔的顶部是用金色的陶板覆盖的，因此得名黄金塔。

圣十字大街
Barrio de Santa Cruz ✱✱✱

地图 p.129-D

交 从教堂出发，步行5分钟

圣十字大街位于教堂东侧，是市区里最有老城区气息的地方。这里曾是犹太人聚居地，17世纪以后塞维利亚贵族开始入住。一条条很有情调的小路好似迷宫一样交错相织，白色古典样式的房屋一间接一间，墙上鲜花盛开。

*E*ating 美食

西班牙料理

拉・罗勒
La Albahaca

地图 p.129-D

交 从大教堂出发，步行7分钟　✉ Plaza de Santa Cruz,12　☎ 95 422 07 14　营 13:00~16:00、20:00~24:00　休 周日　€ €50~60

圣十字广场前的肉菜名店

政治家和王室成员经常前来就餐。除了肉菜之外，它自制的甜点、蛋糕也很受欢迎。

意大利料理

圣马可
San Marco

地图 p.129-D

交 从大教堂出发，步行3分钟　✉ Mesón del Moro,6-10　☎ 95 456 43 90　营 13:00~16:30、20:30~24:30　休 周一　€ €15~　HP www.sanmarco.es

在石制的餐厅内品尝正宗的意大利菜品

阿拉伯浴场改成的餐厅，内部用石头建成。店内进深很长，是正宗的意大利餐厅样式。在这里能尝到地道的下酒菜和荤菜，但是最值得推荐的还是比萨（8.5欧元起）。

酒吧

欧罗巴
Europa

地图 p.129-D

交 从大教堂出发，步行5分钟　✉ Siete Revueltas,35　☎ 954 21 79 08　营 8:00~次日1:30　休 全年无休　€ €10~

塞维利亚风格酒吧

1925年开业的酒吧，招牌菜是哈蒙伊比利亚的炸肉饼（3.20欧元）。

太阳海岸

Costa del Sol 地图p.6-J

内尔哈有地中海美景、大钟乳洞、白村等景点。作为太阳海岸（Costa del Sol）的杰出代表，内尔哈是一处颇具看点的旅游胜地。还有凭借白村和马车而闻名的米哈斯。

素有"欧洲阳台"之称的内尔哈

ACCESS 去往太阳海岸的交通方式

从马德里乘飞机前往中转地马拉加约需1小时，乘火车约3小时。乘巴士从马拉加去往各地约需1小时。

旅游咨询处（内尔哈）

"欧洲阳台"酒店入口 ▶ 10:00~14:00、16:30~19:30（周六、周日10:00~14:00）
TEL：95 252 1531

地区概况

太阳海岸位于安达卢西亚南部，属于地中海沿岸地区。内尔哈不仅拥有漂亮的海岸线，而且冬季也很温暖。所以一年四季都是旅游旺季。另外，在靠近山麓地区的米哈斯、安特克拉等地区分布着西班牙特色的白村。

Sightseeing 观光

内尔哈
NERJA 地图p.6-J

沿着内尔哈巴士站前的道路朝南走大约10分钟，就来到矗立在地中海岸断崖边上的内尔哈了。内尔哈，一直以来素有"欧洲阳台"（Balcón de Europa）之称。在这里你会发现有很多开阔的看台，其实它们是9世纪时阿拉伯人修建在要塞上的瞭望台，在战争远去的今天，再站在这里观景别有一番风情。城镇周围有很多美丽的小海湾，由弯弯曲曲的通道与大海相连。当然这里的海滨也很美，非常适合游泳。

从市里坐巴士出发约行驶15分钟，你就来到世界重要文化遗产之地——内尔哈洞窟（Cueva de Nerja）了。它是一座发现于1959年的规模相对庞大的洞窟。据考证，古代人曾在此居住过，所以这里也有很多古代遗物。另外，在此还能欣赏到大自然鬼斧神工之作——天然石柱广场和宛如珠玉瀑布的钟乳石及古代的洞窟画等（10:00~14:00、16:00~18:30，7~8月10:00~19:30/全年无休/门票9欧元）。从内尔哈来的路上，留心的话在路的左边你会发现有座大桥。它就是建造于19世纪的阿古利亚大桥(Puente del Aguila)。在靠近居民生活区的地方还有一条很美的海岸，它一直延伸到被视为当地最美丽海滩的马罗(Maro)。

雄伟壮观的钟乳洞窟的入口

米哈斯
MIJAS　　　　　　　　　地图 p.6–J

佩尼阿圣母教堂（Pza.Virgen de la peña）位于巴士终点站附近的广场上，你一下车便能看见。它是一座在自然岩壁上凿出来的教堂，里面供奉着这座城镇的守护女神像——留着长发的佩尼阿圣母。另外，站在这里的眺望台不仅能俯瞰整个小镇的全景，就连蓝色深邃的地中海海景也都能尽收眼底。

在这座美得宛若油画的小镇里有太多的惊喜等着你。在圣塞巴斯蒂安大道（San Sebastián），你能真真切切地置身于明信片上的白色街景里。另外，还有斗牛场（4欧元）和小型博物馆（Museo Miniaturas）（大人3欧元）等可以参观。小镇不大，花上一个小时大概就能转上一圈了。乘着马车在这充满历史气息的小镇上转转，流连于古朴和现代之间，时空的错觉会给你带来意想不到的惬意（乘坐马车费用：单架马车10欧元、两人15欧元、四人20欧元）。

米哈斯街景，美丽圣洁的白墙蜿蜒相连

安特克拉
ANTEQUERA　　　　　　地图 p.6–J

从"正义之门"处眺望到的风景

等你到了安特克拉，一定要首先去高台上的城堡（Castillo）向下俯瞰一番，别致的街景和自然相互交融的美景绝对是种视觉盛宴。1410年基督教徒进攻格拉纳达王国，最先攻陷的地方便是这座城堡。入口的拱形门庞大而威武，素有"巨人之门"（Arco de los Gigantes）之称。

小城不大，却有30多座教堂。其中建造于14世纪的圣塞巴斯蒂安教堂（San Sebastián）是由原来的巴洛克穆迪扎尔式改建成的。现在的外墙全是由一块一块的方砖垒成的，庄重又不失别致。

龙达
RONDA

地图p.6-J

龙达是位于峡谷一侧的悬崖上面的城市。主要景点有旧市区的新桥和雄伟的峡谷景观。每到傍晚时分，在落日的辉映下显得格外壮观。

白色墙壁的斗牛场的正门入口

ACCESS 去往龙达的交通方式

铁路▶从马拉加出发，约需2个小时。从格拉纳达出发，约需2小时40分钟。
巴士▶从马拉加出发，约需1小时45分钟。从塞维利亚出发需1小时45分钟~2小时30分钟。

i 旅游咨询处
西班牙广场▶10:00~18:00（周六10:00~14:00、节假日10:00~14:30）
TEL：95 216 93 11

地区概况

龙达是一座建在百丈悬崖上的古老城镇，城市被瓜达雷敏河（Río Guadalevín，也叫作Tajo）分为新旧两半。旧城区内，白色墙壁的古老房屋整齐排列；新城区是商店和餐厅集中的地区。虽然龙达是一个人口仅有3.6万人的小城镇，但是观光景点却不少。主要的景点有连接新旧城区的新桥（Puente Nuevo）和西班牙斗牛场。

Sightseeing 观光

新桥
Puente Nuevo

地图 p.134

🚶 从火车站出发，步行20分钟

和平圣母大街的尽头是将城镇一分为二的新桥。新桥建于1793年，曾经被用作监狱使用。桥的下面是深达100米的悬崖，延绵悠长的峡谷和峡谷对面的广阔原野在天地间形成了一幅绝佳的画面，美得令人动容。桥的正对面是西班牙广场（Plaza de España）。广场上有不少餐厅和咖啡厅，坐在餐厅里面可以眺望到这一壮观迷人的景色。在道路的

远观也美，近看也佳，这里就是龙达的著名景点——新桥

一侧还设有散步道，行人走在上面可以欣赏到龙达峡谷和悬崖的绝美景色。

斗牛场/斗牛博物馆
Plaza de Toros/Museo Taurino

地图 p.134

交 从火车站出发，步行15分钟　营 10:00~20:00，3~10月~19:00，11月~次年2月~18:00／全年无休　€ 6.50

观众席下面是斗牛博物馆

1785年，霍塞・马尔汀・阿尔德维拉修建了这座巴洛克风格的斗牛场。它是西班牙最古老的斗牛场，在这里诞生了以罗梅罗一族为首的一大批优秀的斗牛士。136根粗大的石柱支撑着巨大的拱门，整个斗牛场能容纳50 00多人。站在这座历史悠久的建筑物前，人们很容易被其浓厚的历史气息感染。

阿拉伯浴场
Baños Árabes

地图 p.134

交 从西班牙广场出发，步行10分钟　营 10:00~19:00（周六・周日・节假日~15:00）　€ 3（周一免费）

浴场遗迹位于瓜达雷敏河对岸的旧城区郊外。在14世纪时期，龙达曾经是安达卢西亚下属的伊斯兰小王国的首都，该阿拉伯式浴场也是建于这一时期。经过几百年的岁月洗礼，房屋虽已经倒塌，但是拱门依然屹立不倒。在西班牙南部保存较为完好的伊斯兰浴场中，这座浴场是规模最大，也保存最为完整的一座。目前，浴场目前处于修整中，暂时不对外开放。浴场附近有萨尔巴提埃拉宫，宫殿门口的雕刻值得一观。

圣母大教堂
Iglesia Santa María la Mayor

地图 p.134

交 从西班牙广场出发，步行8分钟　营 10:00~20:00（周日10:00~12:30、14:00~20:00）／全年无休　€ 4

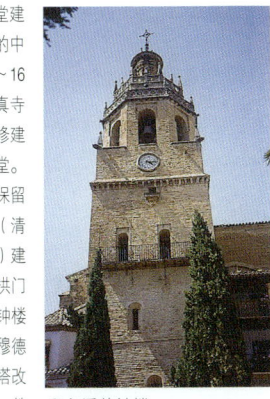

该教堂建于旧城区的中心，是15~16世纪时在清真寺的遗址上修建起来的教堂。教堂内部保留着13世纪（清真寺时代）建造的铁制门和钟楼。钟楼是由一座穆德哈尔式的塔改建而成的。教堂的建筑风格多变，巴洛克风格的祭坛、哥特式样的回廊、伊斯兰古典正殿仿佛在诉说着教堂所经历过的不同历史时期。

印象派的钟楼

皮莱达洞穴
Cueva de la Pileta

地图 p.134外

交 从龙达市中心乘汽车30分钟可达　营 入洞：10:00~13:00、16:00~18:00（11月1日~次年4月15日~17:00）／全年无休　€ 1人€8。每次限入人数：25人

洞穴位于龙达市中心向西22千米处。洞穴内保存着大约2.5万年前的绘画，这些绘画内容大都以动物和鱼为主题。另外，还在洞穴内发现了人骨和陶器。逛完洞穴大约需要一个小时的时间。里面有点暗，所以随身携带手电筒会比较方便。

从龙达乘坐公共汽车在中途的贝纳奥罕（Benaoján）下车，然后步行4.5千米左右就可以到达洞窟门口。也可以乘坐出租车前往，包含等候时间在内的出租车费用70欧元左右。洞穴内道路比较滑，而且即便夏天这里的气温也不高，所以尽量多穿些衣服。

圣地亚哥-德孔波斯特拉

SANTIAGO DE COMPOSTELA 地图p.6-A

公元9世纪，圣雅各布之墓被发现于此。所以它也就成为了基督教的圣地之一，很多人来此朝拜。这里也因前身是庄严大教堂、朝拜者医院改建的酒店而为大家所熟知。

建在圣地亚哥-德孔波斯特拉山坡上的朝拜者雕像

ACCESS 前往圣地亚哥的交通方式

飞机 ▶从马德里出发需1小时10分钟，每日8个班，€65～。从巴塞罗那出发约需1小时45分钟，每日约5班，€45～。

旅游咨询处

从教堂出发步行2分钟，地处维拉尔大道 ▶9:00~19:00，周末、节假日9:00~14:00、16:00~19:00（圣周和高峰期9:00~21:00）/全年无休 TEL：981 555 129

地区概况

基督教十二使徒之一、圣雅各布（圣地亚哥）在完成西班牙基督教传教之旅后，不幸在巴勒斯坦殉教。但是他的遗体还是被运回了西班牙，并且在9世纪时其坟墓在圣地亚哥-德孔波斯特拉找到，随着圣地亚哥教堂的修建这里自然而然也就成了和耶路撒冷、罗马相并列的基督教圣地。每年都有大量朝拜者汇聚于此。这里至今也还保留着很多威严庄重的教堂、修道院。

热门景点

从车站出发向北大约走10分钟便是旅游咨询处所在的加利西亚广场（Plaza de Galicia）。这里距圣地亚哥大教堂所在的广场也就5分钟的路程。广场上有市政府所在的宫殿、已经改建成酒店的旧王室医院、神学校（Colegio de San Jerónomo）。大教堂北侧毗邻圣马丁·皮纳里奥修道院。

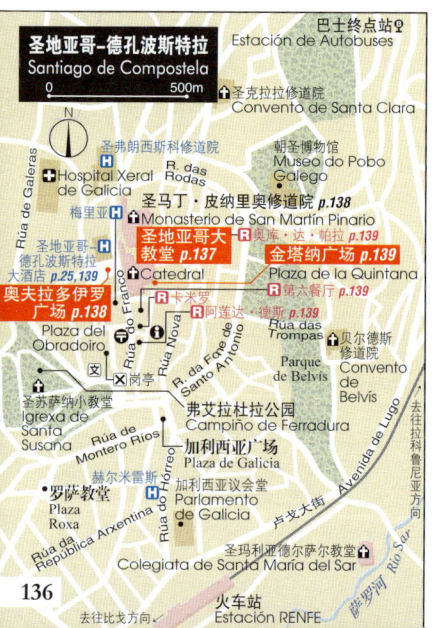

圣地亚哥-德孔波斯特拉街景

Sightseeing 观光

圣地亚哥-德孔波斯特拉

大教堂
Catedral
★★★

地图 p.136

营 大教堂 7:00~20:30 / 全年无休
€ €6（教堂免费）

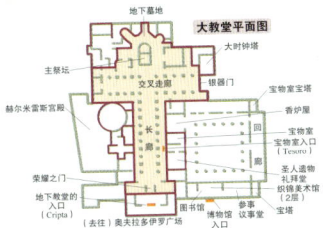

圣地亚哥-德孔波斯特拉位于伊比利亚半岛的西北端，也是欧洲的最边缘。这里接近素有"陆地终点"之称的菲尼斯特雷角，是个极其偏远的地方。可是人们却争先前往，就是因为这里是圣雅各布之墓所在地。公元9世纪圣雅各布坟墓被发现后，人们首先在此建立了教堂，之后历经数度整修才终于变成了今日的模样。它是罗马式建筑的杰作，但外观却是16世纪到17世纪期间改建的巴洛克风格。

从广场对面的正面入口进去便是荣耀之门（Pórtico de la Gloria），它由建筑巨匠马斯特罗·马提欧从1168年开始花费20余年时间精心打造而成。那华丽、精美的罗马式雕刻可谓罗马艺术的最高杰作。通向教堂内部的道路按照形状不同分成3条路。中间是基督教徒，左边是犹太教徒，右边是异教徒。门中央的柱子上雕刻着圣雅各布的雕像，远道而来的朝拜者们怀着激动的心情抚摸着柱子，至此他们的朝拜之旅也就圆满结束了。

沿着长廊进去正面便是主祭坛，那里有用金光闪闪的雕像和装饰品围起来的圣雅各布像。朝拜者一定要从祭坛的后边登上去，然后抚摸圣雅各布

庄重的教堂外观

威严、庄重的教堂内部

宽阔的广场对面是大教堂

的像。祭坛下边的墓地里埋葬着圣雅各布和他的两位弟子。另外,在7月进行圣雅各布大祭的时候,主祭坛前面的交叉走廊顶部还会吊上直径约为2米的大香炉。

从交叉走廊向右走,便是带有两个拱形门的大门,这是座用金银细雕而成的大门(Puerta de las Platerías),门上的雕刻都是以圣经上出现的小故事为素材的。其中,亚当和夏娃在伊甸园追逐奔跑的雕刻尤为有趣。

大教堂右侧是一个巨大的回廊,里面有香炉屋、宝物室、圣人遗物礼拜堂、参事议事堂、宝塔、图书馆等。其中,香炉除了在7月圣雅各布大祭时使用外,其他时间都放在图书馆内。

大教堂南侧是博物馆和美术馆。1层有电脑展示大教堂的发展史和一些历史遗迹的图片,2层有专门展览织锦和雕刻的展室。

织锦美术馆的织锦不容错过,但要是它那里的阳台开放的话,强烈建议站到阳台向下俯瞰一番,石阶小路

站在织锦美术馆2层观景,加利西亚地区多雨水

配上红色的砖瓦房绝对浑然天成。

奥夫拉多伊罗广场
Plaza del Obradoiro
地图 p.136

■从加利西亚广场出发,步行8分钟

大教堂周围除奥夫拉多伊罗广场之外,还有金塔纳广场、银匠广场、普拉托里斯广场总共4个广场。其中,奥夫拉多伊罗广场不仅是其中最宽广的,而且还有大教堂等历史建筑物环绕在其周围。在大教堂方向朝左转就是赫尔米雷斯宫殿(Palacio Gelmírez),它本是拉米雷斯大主教建立的住宅。其内部也有很不错的看点。

大教堂的右后方是天主教双王旅舍(Hostal de los Reyes Católicós),1489年由天主教双王修建。本来是为朝圣者服务,兼有住宿和医院的功能。现在已改建成五星级酒店。广场的西南方是神职学校,门口的雕饰无比漂亮。

圣马丁·皮纳里奥修道院
Monasterio San Martín Pinario
地图 p.136

交 从奥夫拉多伊罗广场出发,步行1分钟
营 11:00~13:30、16:00~18:30 / 周一休息　€4

它面向圣马丁广场而建。899年作为本尼狄克派(又译作本笃派)的修道院而建。修道院正面的圆柱上,雕刻着很多圣

巴洛克风格的讲解座席值得一观

圣地亚哥-德孔波斯特拉

人头像。教堂内部是建造的祭坛、巴洛克式的讲解座席。穿过教堂北边便是庞费拉达广场。

金塔纳广场
Plaza de la Quintana

地图 p.136

🚇 从奥夫拉多伊罗广场出发，步行1分钟

它位于大教堂后面，正对着赦免之门（Puerta del Perdón）而建。赦免之门是在1611年由莱丘加主建的，正面雕刻着巨匠马斯特罗·马提欧作品《预言者》等的雕像。这扇门7年开1次，即7月25日圣雅各布大祭那天正好是周一的话，也就是圣年时才开，其他一切时间都关着。

Eating 美食

西班牙料理
阿莲达·德斯
O 42

地图 p.136

🚇 从大教堂出发，步行3分钟
📧 Rúa.do Franco 42-44 Bajo-B ☎ 981 58 10 09 🕒 12:00~16:00、19:30~24:00 休 全年无休 € €25~ HP www.restauranteo42.com/

尽享加利西亚名菜

蔓菁搭配芸豆做成的蔬菜汤、金枪鱼和蔬菜做成的馅饼（Empanada）等都是招牌料理。用当地器皿倒上杯咖啡加上些利口酒，何等惬意。

西班牙料理
奥库·达·帕拉
O Cero Da Parra

地图 p.136

🚇 从大教堂出发，步行5分钟
📧 Rúa Travesa,20 ☎ 981 55 60 59 🕒 13:30~15:30、20:30~23:30 休 周日晚上、1月1日、12月25日 € €12~ HP www.ocurrodaparra.com

用现代烹饪方式挑战加西利亚传统料理

力荐本店的招牌菜——炖加西利亚猪脸肉（18.5欧元）、伊比利亚猪肉丸子（8欧元）等菜品。平日午餐有12欧元的套餐。晚餐35欧元起。

西班牙料理
第六餐厅
Sexto2

地图 p.136

🚇 从大教堂出发，步行3分钟 📧 Rúa de Raiña,23 ☎ 981 56 05 24 🕒 12:00~16:00、20:00~24:00 休 全年无休 € €25~

颇受喜爱的龙虾佳肴

这里的就餐环境宁静而舒心。海产品做成的开胃菜、用扁桃和木瓜果酱做成的传统加利西亚甜点、龙虾烩饭（53.4欧元，两人份）都很有人气。

Stay 住宿

圣地亚哥-德孔波斯特拉大酒店
PARADOR DE SANTIAGO DE COMPOSTELA

老城区

地图 p.136 ★★★★★

🚇 在奥夫拉多伊罗广场、大教堂的斜前方
📧 Plaza do Obradoiro,1 ☎ 981 58 22 00 FAX 981 56 30 94 £ S€140.00~ T€155.00~ 128
HP www.parador.es/

Camino de Santiago
圣地亚哥朝圣之旅

圣地亚哥—德孔波斯特拉 Santiago de Compostela
比耶尔索自由镇 Villafranca del Bierzo
蓬费拉达 Ponferrada
阿斯托尔加 Astorga
莱昂 León
萨阿贡 Sahagún
卡里翁—德孔德斯孔德斯 Carrión de los Condes
布尔戈斯 Burgos
圣多明各小道 Santo Domingo de la Calzada
埃斯特亚 Estella
王妃之桥 Puente la Reina

200 km　　85 km　　46 km　80 km　44 km　　　46 km　49 km　67 km　　　55 km　　　50 km　　21 km｜23 km

洛格罗尼奥

在西班牙北部地区，从比利牛斯山脉附近到圣地亚哥—德孔波斯特拉这一条长达800千米的道路被称为"圣地亚哥朝圣之路"。在朝圣最为盛行的12世纪，每年大约会有50万人在这条路上留下了足迹。朝圣目的地圣地亚哥—德孔波斯特拉和耶路撒冷、罗马一起被称为是基督教的三大圣地。

据说，在西班牙中世时期，公元44年基督教十二使徒之一的圣雅各布在耶路撒冷以身殉教。他的弟子们亲手将他的遗体抬回了西班牙。公元9世纪初期，黑夜中一道亮光带领一位基督教的司教重新找到圣雅各布的墓地，也就是德孔波斯特拉，其实它的名字在拉丁语源中是"原野"的意思。人们将其和西班牙的"圣地亚哥"一起，重新命名了这一圣地。

朝圣之路从蓬特拉雷纳交汇点开始，沿着111号和120号国道往前，穿过布尔戈斯、莱昂等古城进入阿斯托尔加，从这里离开国道进入狭窄崎岖的山路，经过蓬费拉达、卡里翁—德洛斯孔德斯，穿越塞夫雷罗山口，就到了圣地亚哥—德孔波斯特拉。

走完这条朝圣之路，不紧不慢的话大概需要1个月。所以夏季的时候有很多欧洲来的游客利用暑假来此朝圣，但一般都是先请当地的祭司开上介绍信再去朝拜。

王妃之桥
Puente la Reina　　p.7–C

王妃之桥

潘普洛纳以西约23千米的地方就是王妃之桥。欧洲的朝圣之路在这里交汇。城市的名字是"王妃之桥"的意思，所以蓬特拉雷纳留给人们的印象永远是端庄和稳重。

埃斯特亚
Estella　　p.7–C

从王妃之桥出发沿国道向前约20千米的地方便是埃斯特亚。它也曾是朝圣路上重要的驿站城市。据说，11世纪初期，牧羊人在星光的引导下发现了圣母像。所

建在山丘上、俯瞰圣地亚哥的巡礼者雕像

伊盖河上的卡索桥

以就用"星星"来命名这座城市。虽然现如今这座城市里很多古建筑已成废墟，但是保留下来的那9座教堂和修道院至今还在向后来人诉说着"北方托莱多"的繁华。

圣尼古拉斯修道院

圣多明各小道
Santo Domingo de la Calzad p.7-C

从埃斯特亚出发约100千米便可到达圣多明各·德拉卡尔萨达，这里有专为朝圣而铺就的石阶小路、住宿设施、救济所等设施，还因它和"圣多明各"的渊源而闻名于世。

人们出于对圣多明各的热爱，在他死后为他修建了一座礼拜堂。据说这便是圣多明各·德拉卡尔萨达大教堂的由来。这座教堂里至今还保留着一座小鸡舍，这里曾住着一位受诬陷的青年，不过后来竟奇迹般地无罪释放。

布尔戈斯
Burgos p.6-B

布尔戈斯距圣多明各·德拉卡尔萨达67千米，作为通往圣地亚哥-德孔波斯特拉朝圣之路上的一个大驿站取得了很大的发展。11世纪时期，布尔戈斯是卡斯蒂利亚·莱昂王国都城，这里有西班牙三大教堂之一的哥特式教堂。另外，布尔戈斯还

圣尼古拉斯修道院、王室之门

是光复运动叙事诗中推崇的英雄人物熙德的出生地。现在他和他的妻子希门娜一起安葬在教堂里。因为原是古都的缘故，街头还保留着由皇家别墅改建的圣尼古拉斯修道院。附属的修道院美术馆里陈列着13世纪的皇室服装、装饰品等。

卡里翁-德洛斯孔德斯
Carrión de las Condes p.6-B

因光复运动的开展，这里便成为莱昂王国的军事要地。另外，这里还有很多特产，比如面包、葡萄酒、肉等，并且从中世纪它作为朝圣之路的驿站城市就开始热闹繁荣起来。位于卡里翁河左岸的教堂仿佛为大家讲述着朝圣的前世今生。

中央广场对面的狭窄小道上建起的圣地亚哥教堂，是19世纪时在拿破仑战争中唯一一座幸免于火灾的罗马式教堂。

卡里翁-德洛斯孔德斯的圣地亚哥教堂

萨阿贡
Sahagún p.6-B

萨阿贡曾数度遭到阿拉伯人的攻击，11世纪时阿方索六世下令重建此城，从那时开始它便迎来了它的全盛期。在西班牙，修道院是伊比利亚半岛上最有权势的机构，它们也承担了修复朝圣之路的大部分工作。在阿方索六世将这座城市交予修道院管理后，便修建了一座修道院专门来

圣提尔兹教堂

纪念罗马时代的殉教者（Sant Fangun），13世纪完工。那之后，又经历了数次修复，但是1836年教会财产被西班牙政府没收后，教堂关闭，最后成了废墟。

莱昂
León　　　　　　　　　　p.6-B

珍藏有诸多艺术品和墓本的伊西多罗大教堂

距萨阿贡44千米的莱昂，在914年到1230年间成为了莱昂王国的首都城市，不仅是政治中心，同时也是作为朝圣路上的驿站城市而发展起来。西班牙三大教堂之一的莱昂大教堂，被誉为是"纯粹的罗马式艺术"。笼罩在和谐宁静氛围中的教堂，是西班牙最优美的哥特式建筑。据说教堂内总共用了120多块彩绘玻璃装饰，可谓大放异彩。附属美术馆内有中世纪的雕刻、版画等，值得一看。1530年圣地亚哥骑士团建造的旧圣马可修道院，现已改建成五星级大酒店。还有加泰罗尼亚地区之外为数不多的高迪的作品——"博蒂内斯之家"等也很有名气。

蓬费拉达
Ponferrada　　　　　　　p.6-B

蓬费拉达自圣雅各布之墓被发现时开始，就成了朝圣之路上一座重要的驿站城市。11世纪受司教之命，专门为朝圣者修建了大桥。这座城市最繁荣的时期要追溯到19世纪末到20世纪中期的那段时间，当时因开采煤矿之需而修建了铁路，随之城市取得了前所未有的发展。城市里现存的城堡是1178年圣堂骑士团修建的，是卡斯蒂利亚西北部地区最重要的根据地之一，也是这座城市的一座标志性建筑，当然也已严重受损，至今还在修复中。现在，它已经发展成为一座现代化的金融和商业中心，但无论是市政厅还是城市周边都还能让人感受到当年朝圣者走过的身影。

蓬费拉达城市遗址

比耶尔索自由镇
Villafranca del Bierzo　　p.6-A

它是驻扎在此的法国朝圣者建造的城市。中世纪时建立，后主要依附于封建领主。15世纪变成公爵领地后，它迎来了自己最光辉的时刻。至今，它仍和周边的产业城市不太一样，还留有当年封建领地的影子。但是每周两次的集市还是呈现出一丝热闹的景象。

高迪设计的"博蒂内斯之家"，现为银行

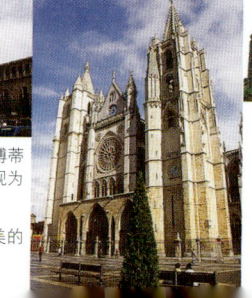

装饰华丽、精美的大教堂

圣地亚哥教堂

比耶尔索的集市

旅行信息
Travel Information

携带物品清单・出发前检查事项

是/否	物品	重要性	备注・参照页
随身携带物品	护照	◎	p.147
	海外旅行意外伤害保险	◎	p.147
	电子机票	◎	
	报团凭证/机场盖章	◎	
	酒店预订凭证	◎	
	现金	○	p.4、149
	信用卡	◎	p.149
	旅游指南/旅游会话指南	◎	
	洗漱用品/手巾/纸巾	◎	
	化妆品/生理用品	○	
	常备药	◎	
	护照复印件/证件照片（2张）	○	p.147
	电脑/笔、本	○	
	闹钟、手表	○	准确掌握时间
	雨具	○	雨季多雨
	营养品	○	以防干燥引起的脱水
	墨镜/帽子	○	p.148　夏季日照强烈
	携带电话	○	
	驾照	△	
	电子相机/充电器/电池	△	
托运行李	换洗衣物	◎	
	裤子/鞋	○	可在当地购买
	随身小包	○	简单地作收纳用
	手绢/卫生纸	○	
	洗发液/沐浴露	○	
	吹风机	○	建议买带转换插头的吹风机
	变压器/转换插头	○	p.5
	洗涤用品	○	
	塑料袋	○	
	毛巾	○	在泳池、海边游泳时用得上
	挖耳勺/棉棒	△	
	泳装、手提袋	△	游泳必备
	拖鞋	△	非高档酒店不提供拖鞋
	速食品	△	必要时可以立即填饱肚子
	缝纫包	△	

◎ =绝对有必要　　○ =应当带　　△ =可带

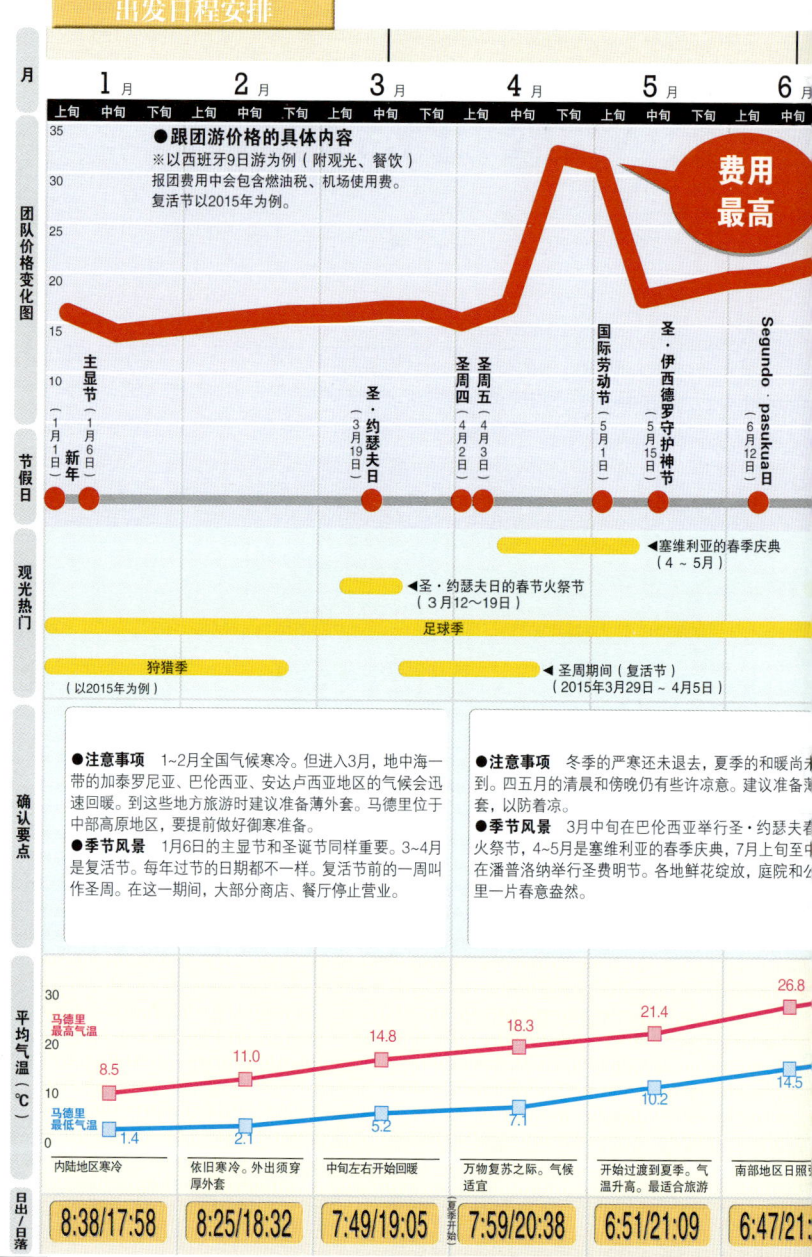

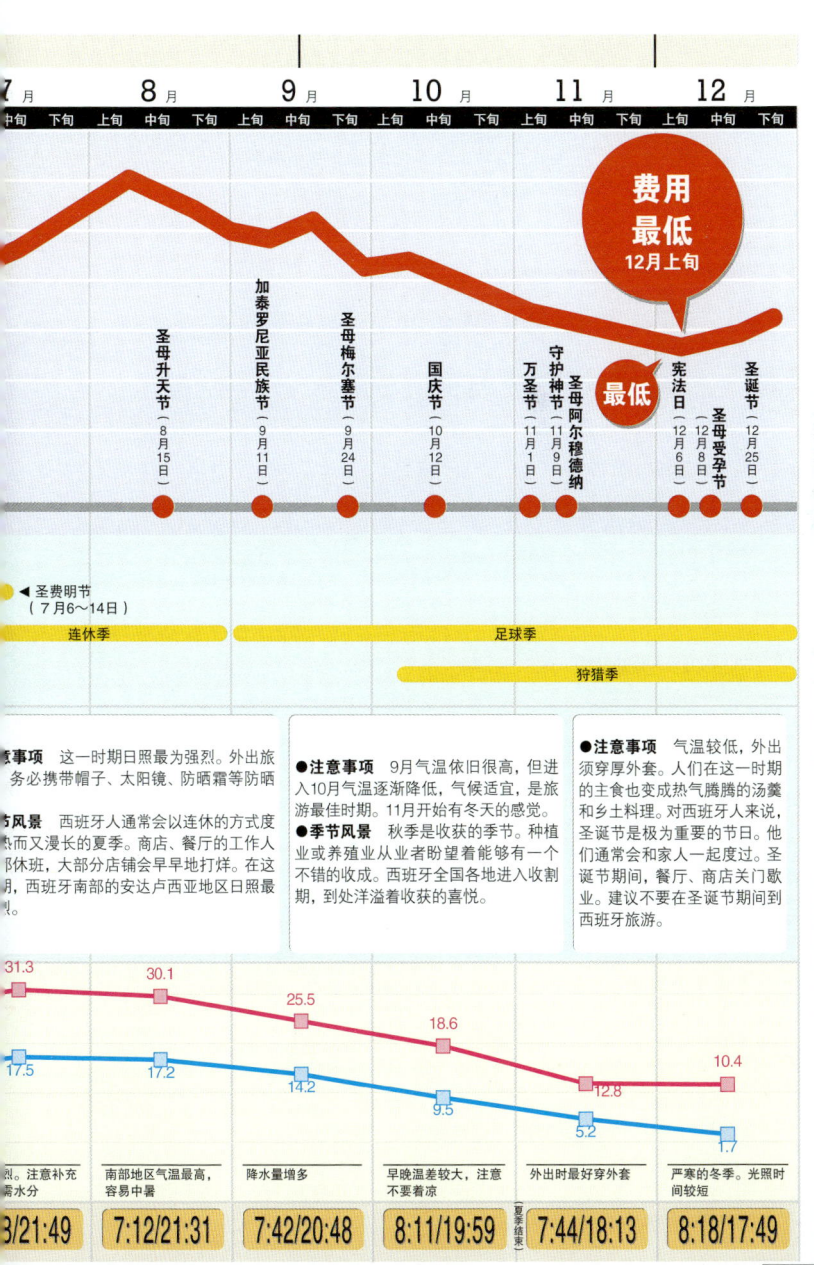

收集旅行信息

在出行之前积极地做准备,
可以让旅行变得更加有趣。
务必要保持健康的身体和良好的精神面貌。

收集当地旅游信息

西班牙旅游局 http://www.spain.info	通过西班牙旅游局的官方网站,可以获得很多信息,比如,出发前登录该网站,可查询西班牙各地景点介绍、风土人情、文化、各家单位汇总的旅行手册、西班牙各地气候、节庆及假日、足球与斗牛比赛、主要城市间的巴士时刻表、RENFE(西班牙铁路)及AVE(新干线)时刻表等旅游实用信息。
马德里发现之旅 http://www.esmadrid.com	详细介绍马德里的基本信息,内容比较实用,行前不妨浏览一下该网站。
马德里旅游局 www.munimadrid.es	西班牙首都马德里旅游局官方网站,有主题旅游推荐等内容。
巴塞罗那旅游局 www.barcelonaturisme.com	巴塞罗那旅游局官方网站,介绍了该城市很详尽的旅行信息,参考性强。
安达卢西亚旅行信息 www.andalunet.com	建议去安达卢西亚之前一定要浏览一下该网站,说不定有意想不到的惊喜收获。
西班牙国铁(RENFE) http://www.renfe.com	旅行乘火车时,关注列车情况很重要。该网站可以查询最新列车时刻表、车票信息。
西班牙驻中国大使馆 http://www.exteriores.gob.es	可以通过西班牙驻中国大使馆及其官方网站了解西班牙旅行的有关信息,也可以随时关注西班牙驻华大使馆文化处微博(http://e.weibo.com/embajadadeespana/)发布的相关信息。还可通过此网站,向西班牙驻华大使馆旅行处索要西班牙旅行宣传手册。

健康方面的注意事项

出发前因忙于准备或许会导致身体有些疲劳。在出发前,一定要保持作息规律和充足的睡眠。

吸烟的人要谨防久坐血栓症(飞行血栓症。因长时间保持同一姿势导致血液流通不畅引起的血栓)。尽量在出发前2、3周控制吸烟。

如果长期患有某种疾病,务必要在出发前咨询医生并谨遵医嘱。如需每天服药,一定要备好足够的药量。最好是多带一周的药量,以防万一。

海外旅行意外伤害保险不适用于牙科治疗

旅途中如需看牙医,须自行支付诊疗费用。如果牙齿有恙,最好在出发前就医。

海外旅行意外伤害保险和准备材料

如购买海外旅行意外伤害保险,那么在旅途中生病就医、受伤治疗的费用将由保险公司承担。如果未购买海外旅行意外伤害保险,那么上述一切费用将由自己承担。因此,外出旅游时务必要购买保险。

另外,建议准备一些常用药物、国内就诊的诊疗说明书等,以备不时之需。

可在国内请相关机构、医生提供英文版诊疗书、药剂证明书等。该项服务一般是收费的。

常备药物

常备药物包括感冒药、止痛药、肠胃药、痢疾药、便秘药、伤口消毒液等。止痛去热片、泻立停务必要携带。晕机、晕车、晕船的人一定要带好晕机药、晕车药和晕船药。

旅行必需品

护照是所有必需品中的第一必备品。
签证也是必需的,因西班牙是欧盟成员国,可办理申根签证。
行前最好购买境外旅行意外伤害保险,让旅行更有保障性。

❖ 护照 ❖

入境西班牙需要保证护照有效期在6个月以上。若有效期不到6个月了,为了能让旅行时间更充裕,一定要提前申请更换。

申办护照所需材料
① 居民身份证原件、复印件
② 本人户口簿及父母口簿首页、本人资料页、变更页
③ 填写完整的护照申请表原件
④ 近期2寸淡蓝色背景的彩色照片
⑤ 如果是申请更换护照,需要附上原护照
⑥ 申请事由相关资料
⑦ 申办费用

备好以上资料后,须亲自至本人户口所在地公安局的出入境管理处办理。如果因合理紧急事由请求加急办理,公安机关出入境管理机构也会受理的。注意,在申请完毕时,会收到一张标有日期的取证回执单,一定要好好保管,领取护照时会要求出示,也可以采取付费邮寄的方式获取护照。

❖ 签证 ❖

签证是对象国发行的入境许可证。通常在护照的签证栏上会盖有印章,这是护照发行的标志。西班牙因加入了《申根协定》,所以办理申根签证即可前往其他国家旅行。可以事先比较一下哪个国家比较容易办理旅行签证,就办理哪个国家的签证。不过,各个国家颁发签证所需的材料有所不同,建议提前咨询相关部门。以下以申办西班牙签证为例说明签证的申办流程。

西班牙签证分国家签证和申根签证两类,其中申根签证又分为旅行、商务等类别。如果选择从中国赴西班牙短期旅行,那么可以选择办理个人旅行签证(90日以内)。具体申办事宜可登录西班牙签证申请中心网站(http://www.spainvisa-china.com)进行了解,网站详细罗列了申办各类签证所需的材料、申办流程、签证费用等内容,另外还可以免费下载电子版签证申请表格。填写完整的签证申请可递交至北京、上海、广州的签证申请中心。在北京、上海及广州递交的申请将相应由西班牙驻北京总领事馆、西班牙驻上海总领事馆及西班牙驻广州总领事馆受理。

申办签证所需材料
① 居民身份证原件、复印件
② 用英文填写完整并签名的申请表(接受用拼音签名)
③ 两张白色背景、尺寸为4厘米×3.5厘米的免冠近照
④ 护照复印件(需签名且在签证到期后至少有90天有效期,护照签发不超过10年)
⑤ 往返机票底单
⑥ 申办费用:申根签证90天内的旅行签证费用为486元人民币

❖ 海外旅行意外伤害保险 ❖

加入保险越早越好

可在各保险公司或旅游代理店加入海外旅行意外伤害保险。各大机场的候机大厅中也有海外旅行意外伤害保险的柜台,游客可在那里入保。海外旅行意外伤害保险的保障范围还包括游客启程赶往机场的路程,所以大家最好在出发前入保。另外,如果您在旅游代理店入保,更便于应对紧急情况,因为旅行社对您的行程及联系方式都很了解。

利用信用卡附带的保险

有些信用卡本身就附带海外旅行意外伤害保险,但往往不包括疾病、随身物品等保险项目,这种情况下游客可选择必要的保险项目加入,作为补充。

携带物品

行李的准备非常重要。重要物品千万不要落下，
也不要将无关紧要的物品装进行李箱，造成不必要的负担。
提前查一下天气状况，选择合适的衣物。

◆ 气候和服装 ◆

西班牙的天气有着非常明显的特点，同一时期各地区温差很大。因此，出行时要谨慎选择衣物。

西部	首都马德里位于中央地区，四季分明。西部地区夏季少雨、冬季时常降雪、春季多雨。外出游玩时，建议携带雨具。
东部	巴塞罗那位于东部地区。这里每年有300多天天气晴朗，即便是在冬季，也可以穿着薄外套出门。
南部	安达卢西亚地区位于南部，这里年平均降水量较少。夏季炎热干燥，人们大都在春初时分就早早地穿上半袖。冬季气温也不低，完全可以穿薄外套出门。
北部	北部地区年平均降水量较多，是夏季避暑胜地。冬季降雪量较少，晚秋至春初通常感觉不到寒冷。

◆ 注意事项 ◆

着装

如果不出入高档餐厅、酒店等场所，平日里穿着休闲服就可以了。如果出入特殊场合，可以适当装扮一下（尽量不要打扮得过于华贵）。

出入高级餐厅、看戏剧时的着装

到一流餐厅用餐或到有名的歌剧院看戏时，务必要身着正装。尽量不要穿得过于随意。不能穿T恤衫、牛仔裤、短裙、背心等。

男性的话，建议穿一件衬衣加长裤。夏季的话，可以穿一件短袖衬衣。女性的话，可以穿一件较为正式的连衣裙。如果没有连衣裙，也可以穿衬衣、POLO衫、长裤等较为正式的服装。

外出逛街时的着装

外出逛街时穿的衣服以休闲、舒适为主，但尽量不要穿过于暴露的衣服，尽量不要穿短裤、背心等。到寺院参观时一定不要穿过于随意的服装。景点区石阶较多，最好穿一双合脚的旅游鞋。

◆ 准备行李 ◆

出发时精简行李

出发前不要将行李箱装得太满，因为回国时还要装礼物或其他物品。各航空公司对于行李的重量有着严格的限制。大家在旅途中一般都会购买一些纪念品，行李的重量只会增不会减。因此，去的时候要精简行李，轻装出行。

选择"轻便"还是"方便"

轻便：行李箱中占地方最多的是衣服。建议携带实用、防寒的衣物，其他衣物可不携带。最好是不容易起皱、便于收纳的衣物。多带一些塑料袋，将穿过的衣物和干净的衣物分开装。

方便：裤子、鞋子和上衣的件数与出游天数相同。每天将换下的衣物装入干净的塑料袋即可。

如果选择"轻便"，那么可以少准备几套衣物，住酒店时将弄脏的衣物当天洗好即可。如果选择"方便"，那么就选择多准备几套衣物，无须清洗。

随身包包

建议选择实用型的背包。外出逛街时不要将其背在身上，要放在身前或抱在胸前。如果背在身后，就给了小偷可乘之机。不要携带昂贵的名牌包包外出。腰包虽然不好看，但是非常安全、实用。

旅行信息

货币兑换

有钱却不能花势必会影响旅行的质量。
一定要在合适的场所提前兑换好货币。
灵活使用现金，让旅途变得轻松无忧。

◆现金◆

西班牙的流通货币是欧元。可在国内各大银行提前兑换。1欧元≈8元人民币（2017年11月）。

在西班牙兑换货币时，通常要出示护照。一般情况下，银行的汇率要比货币兑换商低一些。在邮局也可以兑换货币，但是手续费比较高。

花剩下的欧元可在机场换成人民币。兑换时可能会被要求出示机票。

出于安全考虑，外出时携带的现金越少越好，一来是为了自身安全，二来是带少的话即便丢失或被盗也不会觉得心疼。出行前带些人民币，必要时可在当地的银行或是货币兑换点等场所将其换成欧元。从机场到酒店的机场大巴车费或乘出租车时等急需的少额欧元现金，可在机场就近兑换，或者行前在国内银行或者出发机场兑换。

◆信用卡◆

到国外旅游，最好不要携带大量现金，使用信用卡非常方便。可以说只要不是太小的店，无论购物、饮食、住宿几乎都可以用信用卡支付所有的消费项目。信用卡支持当地取现，也可以用作身份证明。另外，在西班牙租赁汽车或是住宿时信用卡还可以当身份证明文件使用。而且，一旦出现紧急情况的话，它还具有透支功能（不要手续费，但有贷款利息），可以在当地的ATM上直接提取当地货币。推荐使用VISA（在带有PLUS标志的ATM上都可以部分透支）、Master、AMEX（在带有Cirrus标志的ATM上可以部分透支）等国际银行信用卡。

◆国际借记卡◆

如果拥有一张国际借记卡，而且在银行账户中存入足够金钱的话，也可以在西班牙当地的ATM中取现使用，这样一来就不用携带大量现金，而且也省去了兑换的麻烦，不过此时取现要收取一定的手续费，费用是从账户中直接划走的，汇率也是依照当地当日的外汇率换算（具体各个银行都不一样，可以事先咨询一下）。另外，如果卡中金额不足的话还可以让国内的家人往账户内存款，而且国际借记卡消费时能方便刷卡。现在有些银行还推出了多币种的国际银行借记卡，所以即使身在不同国家，也可以用这种卡从当地银行柜员机或者ATM取款机上提取当地币种的货币。

◆ATM机的使用方法◆

① INSERT YOUR CARD或ENTER CARD插入银行卡

② ENTER PIN　输入密码

③ 选择WITHDRAWAL或CASH ADVANCE，进行取现

④ 选择SAVING ACCOUNT（普通预存金）或CREDIT CARD（现金）

⑤ AMOUNT　选择或输入取现金额

⑥ TAKE CASH　领取现金

⑦ ANOTHER TRANSACTION　出现"还需进行其他业务吗？"提示字样。选择NO

⑧ TAKE YOUR CARD AND RECEIPT　拿回银行卡和取款明细单

西班牙入境指南

西班牙有几个国际机场，可从国内乘坐直达航班飞往马德里、巴塞罗那。也可以选择中转航班。

抵达机场，办理入境手续

① 入境检查

抵达机场航站楼后，沿着指示标识（有EU盟国和其他两种标识，选择其他）前往指定通道接受入境检查。无须填写入境卡，向入境检查官出示护照即可。

② 领取行李

领取托运行李。前往与所搭乘航班对应的行李台等候行李出来。千万不要拿错行李。

③ 过海关

如携带缴税物品，须前往红色字牌的关税办理处办理相关手续。如携带物品在免税范围内，则无须办理相关手续。

行李遗失怎么办？

没有在行李领取处找到托运行李，请立即前往航空公司服务中心请求工作人员帮助。一般情况下，遗失的行李都会被找到，并在1~2天后送到居住酒店。

从申根协议国入境

在最先抵达的申根协议国接受入境检查。申根协议国包括：奥地利、比利时、丹麦、芬兰、法国、德国、冰岛、意大利、希腊、卢森堡、荷兰、挪威、葡萄牙、西班牙、瑞典、爱沙尼亚、拉脱维亚、立陶宛、波兰、捷克、匈牙利、斯洛伐克、斯洛文尼亚、瑞士、马耳他。

现金、贵重物品

携带超过10 000欧元以上的现金入境，必须要进行登记。

免申报携带物品清单

香烟：	纸质香烟200根、卷烟50根
香水：	香水120ml、花露水250ml
酒水：	葡萄酒2L、威士忌1L
相机：	2部

西班牙的主要机场

马德里巴拉哈斯机场

马德里巴拉哈斯机场距离市区以西大约15千米。抵达机场后，可乘坐出租车（约25分钟，30欧元）、地铁（需中途换乘，4.5~5欧元）、火车（从4号航站楼乘车前往市区，在atocha站下车。车费2.55欧元）或机场巴士（抵达atocha站约40分钟，5欧元）前往市区。

巴塞罗那普拉特机场

巴塞罗那普拉特位于市区西南方向，直线距离大约15千米。抵达机场后，可乘坐出租车（约25欧元）、机场巴士（5.90欧元），在加泰罗尼亚广场下车，约35分钟）或火车（抵达桑兹火车站约20分钟，抵达弗朗西亚火车站约26分钟，车票4.10欧元）前往市区。该机场有许多飞往欧洲各国的航班。

马拉加机场

马拉加机场西南方向大约7千米范围内没有其他大型机场。但是由于这里距离欧洲其他各国和土耳其比较近，所以航班比较多。从马拉加机场可乘坐火车（约15分钟）、巴士（约30分钟）或出租车前往市区。

圣地亚哥-德孔波斯特拉机场

圣地亚哥-德孔波斯特拉机场位于西班牙圣地亚哥-德孔波斯特拉郊区，是加利西亚最重要的国际机场。机场距离市区约15千米（乘坐巴士约10分钟）。

除上述机场之外，还有巴伦西亚机场、拉帕尔马机场、希罗机场、格拉纳达机场等。西班牙国土面积较大，乘坐飞机前往各城市可节省不少时间。

乘坐国际长途汽车、火车入境

西班牙与法国、葡萄牙接壤，从这两个国家可乘坐国际长途汽车或火车直接入境。申根协议国之间无须再次接受入境检查。

回国指南

提前两个小时到达机场。在酒店退房时,除了房费之外,还要对其他已消费项目进行结账。如果有东西寄存在前台,不要忘记领取。检查无误、没有落下东西后,动身前往机场。

◆办理乘机、出境手续◆

① 办理登机手续 在航空公司服务柜台托运行李,领取登机牌和行李领取牌(Claim Tag)。

② 过海关 办理退税时须出示护照、登机牌、退税申请表、对应商品。

③ 检查行李 随身携带行李须接受安检。

④ 出境检查 出示护照、登机牌、出境卡。

⑤ 前往登机口 前往登机牌上所示登机口,准备登机。

整理行李

大家要将需要托运的行李以及带入机内的随身行李进行分别整理。照相机、摄像机、瓷器等易碎物品以及出关时需要出示的免税商品等要放入随身行李中。衣物、水果刀等则放入托运行李中。某些免税品必须在接受出国审查之后才可领取,所以免税品的寄存证等一定要放在随身行李中。

托运行李限重

西班牙航空公司对于乘客携带行李的重量限制分为20千克、30千克和40千克3种。如果超重需要额外支付费用。

酒店退房

如果您的酒店有机场接送服务,那么酒店的巴士送您到达机场后一般距离航班起飞还有2小时左右。如果是早晨出发,请一定注意时间,不要起晚了。如果您是个人自由行,到达机场后也要留出2小时的富裕时间。如果还需办理免税手续等,则需预留更多时间。

此外,在酒店退房时别忘了确认房间内收费物品的明细,并将寄存在前台的物品取走。

兑换货币

剩下的纸币可在机场内直接兑换成人民币。硬币无法兑换,最好在回国前花光。

抵达国内机场

抵达国内机场后,向安检工作人员出示护照。然后凭行李领取牌领取行李。如果没有行李,可直接前往海关处等候过关(若所购买商品在免税范围内,直接前往绿色通道。若所购买商品不在免税范围内,则前往红色通道)。如携带动植物回国,则必须接受严格的检疫。

携带物品、邮寄物品申请表

乘机时以家庭为单位发放携带物品、邮寄物品申请表。每人仅能邮寄两件物品。将申请表交给工作人员,他们会帮你打包邮寄。回国后等候快递送上门即可。

中国免税范围

商品名称		数量/价格	备注
酒水饮料		2瓶	12度以上,1.5升以下
烟草制品	香烟	400支	
	雪茄	100支	
	烟丝	500g	
其他	生活物品	1000元	衣料、衣物、鞋、帽、工艺美术品和价值人民币1000元以下的其他生活用品,属于自用合理数量范围内的可免税,其中价值人民币800元以上、1000元以下的物品每种限1件
	个人自用品	5000元	入境居民旅客携带在境外获取的个人自用入境物品,总值在5000元人民币以内(含5000元)的

限制带入中国的物品

无线电视、收音机、通信保密机
烟、酒
濒危、珍稀动植物(含标本)及其种子、繁殖品
国家货币
海关限制携带入境的其他物品

电话·邮政·网络

国内手机可在西班牙使用。使用手机、
平板电脑可在国外上网。在西班牙旅游时,
可以通过邮局向国内邮寄明信片、大件纪念品等。

◆ 从西班牙打往中国 ◆

1.电话直拨

用酒店电话直接拨打时,需要先拨打酒店的外线号码。酒店拨打电话费用不低。可以选择使用街边的投币式公共电话拨打。
以拨打中国北京的座机为例:

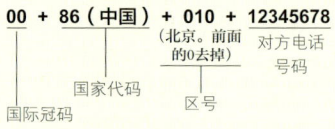

2.使用电话卡拨打电话

建议在当地购买国际长途电话卡拨打国内电话。注意要在电话卡有效使用期内拨打。
以拨打中国北京的座机为例:

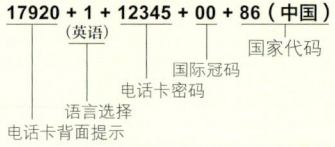

3.使用手机拨打国内电话

使用手机拨打国内电话需要开通国际漫游业务。但是,使用手机拨打国内电话费用相当高。另外,不建议在西班牙购买当地手机卡。

从中国打往西班牙
以拨打西班牙马德里电话212-1234567为例:

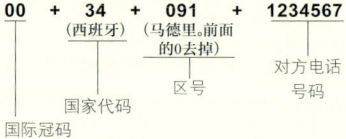

◆ 邮政·快递 ◆

明信片·信件

从西班牙邮寄东西到国内,明信片和20克以下的信件均收费0.9€、50克以下收费1.80€。邮票可在邮局(Correo)、小卖部(Estanco)购买。一般情况下,一周左右就能寄到。如果遇上罢工或8月邮局放假,时间会长一些。西班牙邮局营业时间为8:30~20:30,周六9:30~14:00、周日休息。

小件包裹·国际快递

1千克以下的小包裹用航空件邮寄,邮费约为27.9€,10天左右寄到国内。马德里和巴塞罗那等大城市的中央邮局周日照常营业。

邮寄时的注意事项

邮寄物品的(在国外使用国际快递寄回中国的物品)收件人必须在国内,其包裹外包装上必须注明邮寄物品(Unaccompanied Baggage)。部分纪念品商店提供邮寄服务,工作人员会代为邮寄。

回国时,向海关提交两张携带物品·邮寄物品申报表。盖章后拿回一张,务必要保管好。

邮寄物品抵达国内后,快递公司会通知收件人取件。如不慎丢失申报表、外包装没有注明邮寄物品或忘记提出申报,该邮寄物品将会被当作一般货物处理,需要支付一定的税金。

◆ 上网 ◆

Wi-Fi

西班牙的大部分酒店、餐厅都会提供免费Wi-Fi。如需输入密码,请询问酒店工作人员或餐厅服务员。

可充分利用网吧,马德里的网吧集中分布在格兰维亚酒店周边;巴塞罗那的话,主要分布在巴塞罗那大学附近。

生活习惯·相关礼仪

了解西班牙关于小费、服装、吸烟等生活习惯和礼仪，将会对我们的旅行大有帮助。
提前做功课，了解西班牙。

◆ 卫生间 ◆

大城市的街角一般都有收费公厕。但是，这些公厕的卫生条件和治安状况并不算好。建议到超市或酒店内使用免费厕所。在偏僻的乡村也可以借用旅店的厕所。借用厕所时，出于礼貌还是需要向店员打个招呼。并且，有的店里面的厕所是锁着的，需要店员帮忙打开。

◆ 水 ◆

西班牙各地的水质不太一样。巴塞罗那、巴伦西亚和马拉加等岸边城市的水质不太好，所以还是买矿泉水喝比较放心。马德里、格拉纳达等城市的水质不错。居住在这些城市的人们大部直接饮用自来水。不过因为自来水含镁较多，属于硬水，所以可能有的游客喝不习惯。

商店、超市、酒吧都出售矿泉水。很多酒店里面都摆放有自动售货机售水。各地的矿泉水价格不一样。一瓶500毫升的矿泉水，超市大约售价0.3欧元，而酒吧或售货亭售价在0.8~1欧元。

◆ 电压 ◆

西班牙的电压是220V，但是很多古建筑里的电压却是125V，所以建议准备变压器。插座的形状也跟国内不太一样，最好准备C型或SE型的转换插头。有时即使插座没问题，但如果不用变压器的话，也不能使用。

◆ 时差 ◆

西班牙现在使用的是夏令时。比北京时间晚6个小时。

西班牙的夏令时开始的时间是每年3月的最后一个星期天的凌晨3点；冬令时开始的时间是每年10月的最后一个星期天的凌晨3点，冬令时跟中国的时差是7小时。

◆ 小费 ◆

西班牙语中的小费叫作Propina。在西班牙，给小费大都出于自愿，并非强制性的。如果对服务感到满意，可以留下适当的零钱作为感谢。在餐厅用餐后，一般要留下1欧元当作小费。住酒店时，可以给侍应生或客房服务员1欧元以表谢意。

◆ 酒吧 ◆

在西班牙，酒吧是不可缺少的存在。西班牙的酒吧更像是咖啡厅、餐厅、小酒吧、超市和酒吧的综合体。这里的厕所基本都是免费使用的。

酒吧的柜台基本都会出售西班牙的国粹食物——Tapas。不懂西班牙语的游客可以用手指示意要哪一块。如果给得太多了，可以对服务员说poquito（请少一些）或no mucho（不要这么多）。

◆ 教堂 ◆

每个村子里面至少有一座教堂。西班牙人大多是虔诚的教徒。在教堂内参观时，不要大声喧哗。

◆ 就医治疗 ◆

西班牙实行医药分离制度。处方药仅能在医院购买，在药店（Farmacia）仅能买到感冒药、肠胃药、止痛片、维生素等常规药。大城市的药店大都是24小时营业的。关门歇业的药店，会暖心地在门口张贴距离最近的营业药店地图，给客人带来方便。如果晚上买药的话，最好提前跟酒店工作人员打听一下最近的药店，或请他们帮助购买。在药店买药时，店员会首先询问病情病症，然后对症抓药，请务必将病情翔实告知。

旅行安全管理

巴塞罗那、马德里的治安状况不是很好。
在这里游玩时,要特别留心小偷、强盗、劫犯等犯罪分子。
只要稍加注意,不安全相信是可以避免的。

◆ 逛街时的注意事项 ◆

为防被小偷、劫匪盯上,逛街时最好不要携带特别贵重的东西。如果您身穿名牌服装,再背个名牌包包,那无疑是告诉小偷"我是个有钱人"。这样的装扮,势必会成为小偷首选的下手目标。最好身穿普通休闲服装逛街,并且把相机装进包里,然后把包背在胸前。

万一被偷或被抢,既不要反抗,也不要穷追不舍,否则会招致更大的危险。切记,生命是第一位的。想要最大限度地减少风险,最好把贵重物品和现金分开来放。例如,带两个钱包,把钱分开装,护照就留在酒店的保险柜里,只带复印件上街即可。

逛街时尽量走路中间,最好不要边看地图边走路。行李不要离开自己的视线范围。坐地铁的话,不要靠着门站或站在车体连接处。

街边的赌局千万不要参与。因为赌局内的人全是托儿,所以一定会以输钱告终。就算侥幸赢钱,也会有同伙尾随至酒店连同自己财物一起被偷或被抢。

马德里和巴塞罗那等大城市有很多治安很差的危险区,游客在这里很容易陷入麻烦,出现纠纷。

案例1 番茄酱小偷

这可谓是经典案例。小偷们会趁游客不注意将番茄酱蹭在其身上,然后假装好心告诉游客:"你身上黏脏东西了。"在装作给游客擦拭的同时,就把钱包顺走了。

案例2 卖花大盗

不法分子伪装成花贩,叫嚷着"鲜花只卖1欧元啦!"游客因为贪便宜,打开钱包准备掏钱的瞬间,他们就会以迅雷不及掩耳之势将钱包抢走。这样的卖花大盗经常出现在巴塞罗那的兰布拉大道、塞维利亚和格拉纳达教堂附近。

案例3 问路的小偷

"您能帮我指一下路吗?"小偷边拿着地图,边假装问路。其实在地图的掩饰下,钱包已经被偷走了。

案例4 顺包贼

在马德里、巴塞罗那等大城市的快餐店里有很多顺包贼,游客即使去厕所也要提防自己的行李。

另外,去银行或ATM机取钱时,一定要再三确认周围有没有可疑的人。地铁里人流量很多,小偷也会经常出没。而清晨或夜深时分,通常是抢劫犯作案的最佳时机。

案例5 勒脖大盗

这样的强盗会猛然从后面掐住游客的脖子,直至游客失去反抗能力,然后将财物洗劫一空。他们通常集中在某一时间段作案。案件通常发生在周六、周日、节假日下午2点到4点左右,也就是大家午后休息的时间段。所以这个时间段尽量不要外出。

◆ 紧急情况下的应对 ◆

被偷、被抢怎么办?

如果被偷、被抢,一定要在第一时间到就近的警察局报案,交给警察来处理。如果需要,可由警开具财物遗失证明。

如不慎丢失护照,可联系大使馆进行补办。补办时需要两张照片和身份证。信用卡若丢失,要在第一时间进行挂失,以防被盗用。

紧急联络电话
中国驻西班牙大使馆
☎ 34 91 741 47 28 34 699089086(领事保护紧急协助电话,仅用于中国公民遇到紧急情况寻求领事保护)
中国驻巴塞罗那总领事馆
☎ 932547070
警察·急救·消防 112
※三者是同一号码。接通后,再转接警察、急救或是消防。
红十字会
马德里 91 533 66 65
巴塞罗那 93 205 14 14

旅行会话 西班牙语 +英语

下面教给大家一些简单的日常用语。发音、语调方面无须特别在意。

打招呼

早上好！
Buenos días
=Good morning.

您好！
Hola
=Good afternoon.

再见（离开的人）！
Adiós
=Good-bye.

是的。/不是。
Sí / No
=Yes./No.

谢谢！
Gracias
=Thank you.

对不起。
Perdón
=Excuse me.

用餐

我先看看菜单。
El menú, por favor.
=May I have a menu, please?

请问有什么推荐菜吗？
¿ Qué plato me recomienda ?
=What do you recommend?

请结账！
La cuenta, por favor.
=Check (Bill), please.

非常好吃。
Está buenísimo.
=It is very delicious.

购物

我先看一下。
sólo estoy mirando.
=I'm just looking.

请给我看看别的。
¿ Podría enseñarme otro (otra) ?
=Please show me others.

可以试试吗？
¿ Puedo probármelo ?
=May I try this on?

请找一件小一号（大一号）的
Esto es un poco pequeño (grande).
=Do you have more smaller (bigger) one ?

紧急情况

救救我！
¡ Socorro !
=Help me!

小偷！
¡ Ladrón !
=Robber!

请叫医生（救护车）来！
Llame a una ambulancia, por favor.
=Please call a doctor (ambulance).

我迷路了。
Me he perdido.
=I'm lost.

请报警！
¿ Podría llamar a la policía, por favor ?
=Call the police, please.

数 字

●1 uno =one	●2 dos =two	●3 tres =three	●4 cuatro =four	●5 cinco =five
●6 seis =six	●7 siete =seven	●8 ocho =eight	●9 nueve =nine	●10 diez =ten

常用短语+单词

~ 在哪里?
¿ Dónde está ~ ? = Where is ~?

● 洗手间 **servicios** = the rest room	● 免税店 **tienda libre de impuestos** = the duty-free shop
● 入口 **entrada** = the entrance	● 超市 **supermercado** = the super market
● 出口 **salida** = the exit	● 货币兑换所 **oficina de cambio** = the currency exchange

请送我到 ~
Por favor, lléveme al = To ~, please.

● 酒店 **hotel** = the hotel	● 博物馆 **museo** = the museum
● 餐厅 **restaurante** = the restaurant	● 教堂 **iglesia** = the church
● 市场 **mercado** = the market	● 城堡 **castillo** = the castle

有 ~ 吗?
¿ Tienen ~ ? = Do you have ~?

● 包 **bolso** = a bag	● 鞋 **zapatos** = shoes
● 耳环 **pendientes** = earrings	● 戒指 **anillo** = a ring
● 帽子 **Sombrero** = a hat	● 口红 **lapiz de labios** = lipstick

请给我 ~
~ por favor. = Can I have ~?

● 这个 **esto** = this	● 那个 **aquello** = that
● 面包 **pan** = bread	● 葡萄酒 **vino de la casa** = house wine
● 水 **agua** = water	● 啤酒 **cerveza** = beer

◆学点儿西班牙语

西班牙语的发音按罗马字母读法读出来即可。西班牙语字母由字母表中的26个字母以及ch、LL、ñ、rr4类字母构成。

LL字母在安达卢西亚地区发浊音。本书遵循卡斯蒂利亚地区的发音。

西班牙语分为男性用语和女性用语,一般来说男性用语的词尾以o结尾,而女性用语词尾以a结尾。单词前面通常冠有定冠词el、la。例如:el banco(银行)、la entrada(入口)。

动词根据主语不同分为6种变化形式,根据时态的不同还会演变出更多的变形。这些变化形式比较难记。但是,只要能够灵活运用动词,可以不加主语进行表述,这样就会方便得多。

简单的旅行用语并不需要完整的语法。只要记住常用的短语和单词就能够将自己的意思传达给对方。最好记住por favor(拜托了)、Gracias(谢谢)、Donde esta(~在哪里?)、Guanto cuesta?(~多少钱)等几句万能语。要大胆地说,不要担心说错。如果不放心,可以随身携带旅行会话手册随时查阅。

索引

观光

阿尔卡拉什（马德里）……48
阿尔瓦伊辛（格拉纳达）……122
阿拉伯浴场（龙达）……135
阿兰布拉宫（格拉纳达）……120
安东尼·塔比埃斯美术馆
（巴塞罗那）……97
安特克拉（太阳海岸）……133
奥夫拉多伊罗广场（圣地亚哥-
德孔波斯特拉）……138
巴塞罗那大教堂……92
巴塞罗那历史博物馆……98
巴塞罗那现代艺术博物馆……98
巴塞罗那自然博物馆……99
巴塞罗那足球俱乐部博物馆……102
巴特略之家（巴塞罗那）……96
白色圣母玛利亚犹太大教堂
（托莱多）……70
毕加索博物馆（巴塞罗那）……97
城堡（军事博物馆）
（托莱多）……67
城堡（科尔多瓦）……126
城堡（塞哥维亚）……73
城堡公园（巴塞罗那）……94
"船之家"（阿兰胡埃斯）……77
慈善医院（塞维利亚）……130
达利博物馆（巴塞罗那）……90
达利美术馆（菲格拉斯）……90
大教堂（巴伦西亚）……116
大教堂（格拉纳达）……122
大教堂（塞哥维亚）……73
大教堂（圣地亚哥-
德孔波斯特拉）……137
大教堂（托莱多）……67
"蛋之家"（卡塔克斯）……91
岛屿花园（阿兰胡埃斯）……77
蒂森·博内米萨博物馆
（马德里）……49
斗牛场/斗牛博物馆（龙达）……135
佛罗里达圣安东尼皇家教堂
（马德里）……54
弗雷德里克·马雷斯美术馆
（巴塞罗那）……98
哥伦布广场/发现花园（马德里）……52
国立考古学博物馆（马德里）……52
国立索菲娅王妃艺术中心
（马德里）……50
国立陶艺博物馆（巴伦西亚）……117
国王广场（马德里）……93
海洋博物馆（巴塞罗那）……99
海洋圣母教堂（巴塞罗那）……94
赫内拉利菲（格拉纳达）……121
皇家城堡（塞维利亚）……130
皇家赤足女修道院（马德里）……47
皇家广场的街灯（巴塞罗那）……95
皇家化身修道院（马德里）……45
皇家织毯厂博物馆（马德里）……51
黄金塔（塞维利亚）……131
加泰罗尼亚美术馆（巴塞罗那）……103
加泰罗尼亚音乐宫（巴塞罗那）……94
金维纳广场（圣地亚哥-
德孔波斯特拉）……139
卡尔特哈修道院（格拉纳达）……122
卡尔维特之家（巴塞罗那）……96
卡洛斯五世宫（格拉纳达）……121
科尔多瓦清真寺……125
科洛尼正奎尔教堂（巴塞罗那）……102
奎尔别墅（巴塞罗那）……101
奎尔公园、高迪博物馆
（巴塞罗那）……100
奎尔宫（巴塞罗那）……95
拉曼查地区（塞哥维亚）……74
蜡像馆（巴塞罗那）……99
兰布拉斯大街（巴塞罗那）……92
浪漫派美术馆（马德里）……53
丽池公园（马德里）……49
罗马桥（科尔多瓦）……126
罗马水道桥（塞哥维亚）……73
马德里市政广场（马德里）……46
马约尔广场（马德里）……46
美景房（菲格拉斯官邸）
（巴塞罗那）……101
蒙特塞拉特……114
蒙特塞拉特博物馆……115
米格莱特塔（教堂塔）
（巴伦西亚）……117
米哈斯（太阳海岸）……133
米拉雷斯庄园之门（巴塞罗那）……102
米拉之家（巴塞罗那）……96
米罗美术馆（巴塞罗那）……103
奈斯尔宫殿（格拉纳达）……121
内尔哈（太阳海岸）……132
"农夫之家"（阿兰胡埃斯）……77
皮采达洞穴（龙达）……135
塞维利亚大教堂……128
圣乡美教堂（托莱多）……70
圣方济各大教堂（马德里）……46
圣费尔南多皇家艺术学院
（马德里）……48
圣格梅广场（马德里）……93
圣家族大教堂（巴塞罗那）……88
圣克鲁斯保罗医院（巴塞罗那）……95
圣马丁·皮纳里奥修道院（圣地亚
哥-德孔波斯特拉）……138
圣米格尔市场（马德里）……45
圣母大教堂（龙达）……135
圣母升天圣太教堂（托莱多）……70
圣十字大街（塞维利亚）……131
圣特蕾莎学院（巴塞罗那）……101
圣伊尔德丰索宫（塞哥维亚）……73
圣伊西德罗教堂（马德里）……47
圣约翰皇家修道院（托莱多）……70
索罗利亚美术馆（马德里）……53
太阳门广场（马德里）……47
田园之家（马德里）……54
王宫（阿兰胡埃斯）……77
王宫（马德里）……44
王室礼拜堂（格拉纳达）……122
王子庭院（阿兰胡埃斯）……77
文生之家（巴塞罗那）……100
西班牙广场（马德里）……45
希拉尔达塔（塞维利亚）……130
县立美术馆（巴伦西亚）……117
新桥（龙达）……134
修道院（蒙特塞拉特）……115
犹太人街区和百花巷
（科尔多瓦）……126
植物园（马德里）……50

美食

阿德尔法（托莱多）……70
阿莲达·德斯（圣地亚哥-
德孔波斯特拉）……139
阿托查之门（马德里）……60
埃尔·卡尔德罗（马德里）……58
奥尔巴尤（马德里）……58
奥古恰（巴塞罗那）……105
奥库·达·帕拉（圣地亚哥-
德孔波斯特拉）……139
巴萨尔（马德里）……55
班德莱罗（科尔瓦多）……127
毕尔巴鄂（巴塞罗那）……107
波塔福迈罗（巴塞罗那）……104
波汀（马德里）……55
波希米亚小酒馆（马德里）……56
茶餐厅（巴塞罗那）……106
第六餐厅（圣地亚哥-
德孔波斯特拉）……139
洞穴餐厅（格拉纳达）……123
炖石鸡（托莱多）……71
芳达（巴塞罗那）……104
弗莱展克（巴塞罗那）……106
高乔人（马德里）……58
戈雅的角落（马德里）……60
歌剧院（巴塞罗那）……106
公共餐厅（马德里）……59
海滩之家（巴塞罗那）……105
赫内拉利菲（巴伦西亚）……117
红马（科尔瓦多）……127
火腿博物馆（马德里）……59
吉拉尔达4号（马德里）……55

吉他酒馆（马德里）……………57
加尔德尼亚（巴塞罗那）………104
加利西亚之家（马德里）………58
酒窖深处（马德里）……………57
卡尔德纳尔（托莱多）…………71
卡尔纳（马德里）………………56
坎迪德酒馆（塞哥维亚）………73
坎马约（巴塞罗那）……………104
烤肉店（科尔瓦多）……………127
可可之家（巴塞罗那）…………107
克尼尼（格拉纳达）……………123
拉·波拉（马德里）……………55
拉·罗勒（塞维利亚）…………131
拉·萨娜布莱萨（马德里）……59
拉·塔丽娜（马德里）…………59
拉斯莫拉（马德里）……………56
拉伊艾（巴塞罗那）……………106
丽塔（巴塞罗那）………………105
林孔阿提（马德里）……………56
六酷（马德里）…………………59
洛丽塔（巴塞罗那）……………107
洛斯·卡拉克莱斯（巴塞罗那）…105
蘑菇酒馆（马德里）……………57
欧罗巴（塞维利亚）……………131
帕克·阿尔卡尔德（巴塞罗那）…105
帕利亚（托莱多）………………71
齐吉特（格拉纳达）……………123
齐科亚（巴塞罗那）……………104
萨利纳斯餐厅（科尔瓦多）……127
桑托（马德里）…………………58
沙丁鱼酒馆（马德里）…………57
圣马可（塞维利亚）……………131
四只猫（巴塞罗那）……………106
TAPAS24（巴塞罗那）…………107
图塞特（巴塞罗那）……………104
维拉餐厅（马德里）……………55
我的奶酪（巴塞罗那）…………106
西乌达·康达尔（巴塞罗那）…107
虾王（巴塞罗那）………………105
伊拉奇（巴塞罗那）……………107
印加金币（马德里）……………59
玉米饼酒馆（马德里）…………57

购物

ABC赛诺拉（马德里）…………63
阿比塔（巴塞罗那）……………111
阿道夫·多明格斯（巴塞罗那）…108
埃尔·阿尔克（马德里）………60
埃斯克里巴（巴塞罗那）………111
艾尔·特里安格尔（巴塞罗那）…110
艾斯卡德艺术（巴塞罗那）……111
奥多尔夫·多明戈斯（马德里）…63
阿适卡（巴塞罗那）……………109

贝亚特里斯·福莱斯特
（巴塞罗那）……………108
比亚里斯（巴塞罗那）…………108
宾松（巴塞罗那）………………110
布尔巴瓦德·洛萨（巴塞罗那）…110
布朗朗（马德里）………………63
D 佩尔蒂斯（马德里）…………61
德诗高（巴塞罗那）……………109
法尔加斯（巴塞罗那）…………111
费恩卡拉尔市场（马德里）……61
卡斯塔尼（巴塞罗那）…………109
看步（巴塞罗那）………………108
看步（马德里）…………………62
莉莉娅（巴塞罗那）……………110
罗意威（巴塞罗那）……………108
罗意威（马德里）………………60
Mala Baba（马德里）…………63
马西莫·都提（巴塞罗那）……62
马尔尔卡（马德里）……………62
芒果（巴塞罗那）………………109
美狄埃波（格拉纳达）…………123
帕比鲁姆（巴塞罗那）…………110
皮尔马（巴塞罗那）……………111
REPLAY（巴塞罗那）…………109
飒拉（马德里）…………………60
飒拉居家用品（马德里）………62
桑塞（巴塞罗那）………………62
圣特梅（托莱多）………………71
SYSTEM ACTION（巴塞罗那）…108
西米安（托莱多）………………71
1748（巴塞罗那）………………111
雅致瓷偶（马德里）……………63
英国宫百货商店（巴塞罗那）…110
英国宫百货商店（马德里）……61

住宿

阿巴特·西斯内洛斯
（蒙特塞拉特）…………115
阿方索六世酒店（托莱多）……71
阿吉拉尔酒店（马德里）………64
阿莱克桑德拉店（巴塞罗那）…113
阿兰布拉宫酒店（格拉纳达）…123
阿雷索旅馆（马德里）…………64
阿斯托利亚酒店（马德里）……64
阿维诺客房酒店（巴塞罗那）…113
埃斯梅拉达酒店（马德里）……64
埃斯特亚（圣地亚哥朝圣之路）…140
巴雷拉酒店（马德里）…………65
巴黎之家（巴塞罗那）…………112
巴塞罗那伯爵（巴塞罗那）……113
巴塞罗那艺术之家酒店（巴塞罗那）…113
比耶尔索自由镇
（圣地亚哥朝圣之路）…142

布尔戈斯（圣地亚哥朝圣之路）…141
城市酒店（马德里）……………64
大西洋酒店（马德里）…………65
东方酒店（马德里）……………112
弗朗西斯科酒店（马德里）……64
格拉纳达国营酒店……………123
格兰大酒店（马德里）…………112
皇后酒店（马德里）……………64
皇家酒店（马德里）……………65
皇家酒店·兰布拉斯
（巴塞罗那）……………112
贾尔德（巴塞罗那）……………112
卡尔德隆（巴塞罗那）…………113
卡尔罗斯一世之家（巴塞罗那）…113
卡里翁-德洛斯孔德斯
（圣地亚哥朝圣之路）…141
卡萨富思特酒店（巴塞罗那）…113
凯旋酒店（科尔瓦多）…………127
科隆酒店（巴塞罗那）…………113
克拉丽丝（巴塞罗那）…………113
莱昂（圣地亚哥朝圣之路）……142
里阿本酒店（马德里）…………64
里沃利·兰布拉（巴塞罗那）…112
里亚尔特（巴塞罗那）…………112
丽池酒店（马德里）……………65
丽晶酒店（马德里）……………65
鲁·麦里迪安（巴塞罗那）……112
马杰斯提克（巴塞罗那）………113
玛丽萨（科尔瓦多）……………127
蒙特卡洛（巴塞罗那）…………112
莫旋酒店（马德里）……………65
佩蒂特宫伦敦酒店（马德里）…65
佩蒂特宫伦敦酒店（马德里）…64
佩蒂特宫马约尔广场酒店
（马德里）………………64
蓬费拉达（圣地亚哥朝圣之路）…142
萨阿贡（圣地亚哥朝圣之路）…141
桑兹酒店（巴塞罗那）…………113
圣地亚哥-德孔孔波斯特拉大酒店…139
圣多明各小道
（圣地亚哥朝圣之路）…141
胜利女王酒店（马德里）………64
苏尔（马德里）…………………65
苏索（巴塞罗那）………………112
索菲亚王妃（巴塞罗那）………113
太阳中心酒店（马德里）………64
提普大使酒店（马德里）………65
王妃之桥（圣地亚哥朝圣之路）…140
威斯汀皇宫酒店（马德里）……65
维拉·米尔酒店（马德里）……65
西班牙（巴塞罗那）……………112
希尔顿酒店（巴塞罗那）………113
伊斯帕尼特尔格兰维亚酒店
（马德里）………………65